異端者たちが時代をつくる

諦《あきら》めばかりの現代社会を変えた
6つの勇気の物語

松井清人

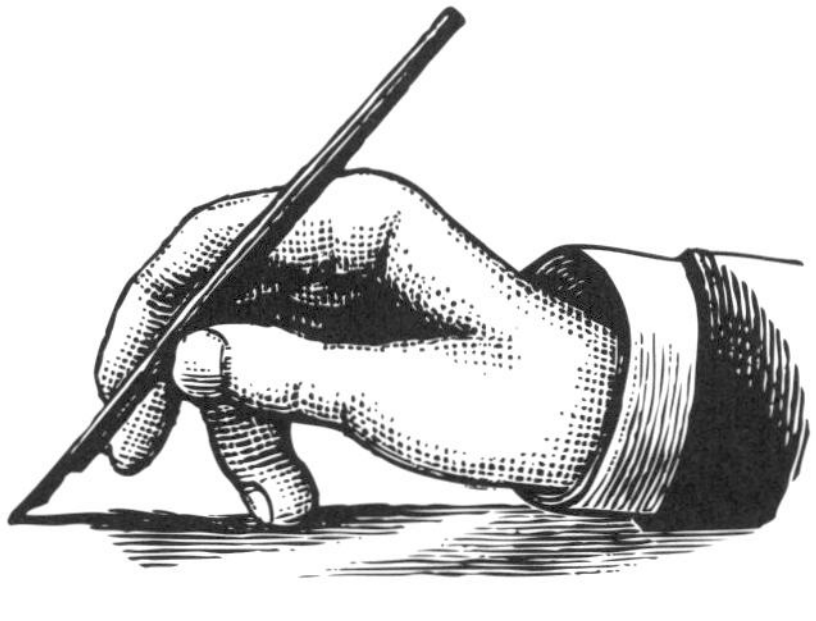

異端者たちが時代をつくる

諦《あきら》めばかりの現代社会を変えた
6つの勇気の物語

目次

第5章

「実名報道」陰の立役者

※本文に記載した組織名、役職等は、原則として当時のものです。
引用については、読みやすさを優先し、一部改行をしたところがあります。

装幀　望月昭秀＋林真理奈
写真　朝日新聞／時事通信フォト
時事通信フォト
鶴田孝介（近藤誠氏）

プロローグ 地下鉄の惨劇

「オウムだ。間違いない。やったのはオウムだ」

テレビのニュース速報を食い入るように見つめながら、私は何度も呟いた。

一九九五（平成七）年三月二十日、月曜日の朝だった。

オウム真理教の五人の信徒が、猛毒のサリンを入れたポリ袋を新聞紙で包み、先の尖ったビニール傘を持って、別々の地下鉄に乗り込んだ。傘の先端が尖っているのは、袋に突き刺して穴を開けるためだ。

五本の列車が交わるのは、都心の霞ケ関駅。朝八時前後にこの駅へ差しかかる各線は、中央官庁に勤める公務員の通勤ラッシュで満員になる。警視庁や警察庁、検察庁の職員が多く利用する時間帯に最大の被害を出し、教団への強制捜査を遅らせることが、教祖・麻原彰晃の狙いだったという。

霞ケ関駅への到着予定時刻は、
①千代田線・我孫子発、代々木上原行が、八時十一分。
②丸ノ内線・池袋発、荻窪行が、七時五十八分。
③丸ノ内線・荻窪発、池袋行が、八時九分。
④日比谷線・中目黒発、東武動物公園行が、八時十四分。
⑤日比谷線・北千住発、中目黒行が、八時六分。
五人の実行犯は、霞ケ関駅に着いたときにサリンが車内に充満するよう、三駅から五駅手前でポリ袋に傘を突き刺し、地下鉄を降りた――。

世界初の化学兵器テロ、日本で最大の同時多発無差別テロが炸裂する。十三人が亡くなり、六千三百人以上の負傷者が出た。二十五年近くたった今も、視力障害や痙攣《けいれん》など、重い後遺症に苦しむ人がいる。

もっとも多くの死者を出したのは、⑤の日比谷線だった。小伝馬町駅で四人、八丁堀駅で一人、築地駅で三人。

『週刊文春』（九五年三月三十日号）は、サリンの恐怖を目の当たりにした人々の生々しい証言を載せている。

五十六歳の会社員、石井正武さんは、八丁堀駅で⑤に乗車した。

〈緊急停止ベルが鳴ると、石井さんが乗っていた日比谷線の車内はパニック状態となった。

「人が倒れたぞ！」

「電車を止めろ！」

叫び声が飛び交う。数分後、電車は隣の築地駅に到着。ホームにいた駅職員は、車内で苦しそうに助けを求めて手を振る女性を発見。慌てて電車に駆け寄ると、開いたドアから乗客五人が、口から泡を吹きながら、転がり出てきた。

駅構内にたちまち刺激臭が広がる。ホームにそのままへたり込んだ人が七、八人。一人はベンチにグッタリとくずおれてしまった。〉

築地駅。四十八歳会社員、松岡憲雄さんの証言。

〈「三両目の後方には三メートル四方くらいの水たまりがあり、それをはさむように二人が倒れていました。『死ぬ！』とか『救急車を呼んでくれ！』という悲鳴が聞こえました。

私も駅員さんと一緒になって、具合の悪くなった人を電車の外に引きずり出していましたが、目の前が暗くなり呼吸が苦しくなってきたので地上に出ました。地上では、先程まで先頭に立って救助に当たっていた駅員さんが、目をひきつらせて激しく痙攣《けいれん》していました」〉

築地駅の地上出口には、自力で脱出した五十人くらいの人がうずくまっていた、と記事は続く。

〈ほとんどの人がハンカチで口を押えている。自分の吐瀉物《としゃぶつ》で背広を汚して倒れている男性や、紫色がかった顔色で鼻と口から血を流している人もいる。〉

小伝馬町駅も修羅場と化していた。

〈「真ん中の車両のあたりから『ウ〜ッ』と呻《うめ》くような奇声が二、三回聞こえてきました。『ホームは空気が悪いようなので外へ出てください』とアナウンスがあって、みんなゾロゾロと出口の方へ歩き出しました。（中略）

地上に出ると、人がバタバタ倒れていて、口から泡を吹いて目が半開きの男の人もいました。本当に想像を絶する光景でした」（紙井智子さん・27・会社員）〉

そして、①の霞ケ関駅では、長く語り継がれる悲劇が起きた。

〈午前八時頃、乗客が「先頭車両に異臭を放つものがある」と通報。かけつけた高橋一正助役（50）が、新聞紙に包まれた容器を素手で二百メートル離れた駅事務所まで運んだ。高橋助役はその直後に気分が悪くなり病院に運ばれたが、午前九時二十三分に死亡した。〉

地獄絵図、阿鼻叫喚。新聞紙面に躍ったそんな四字熟語が陳腐に思えるほど、あまりにも凄惨な現場だった。

事件発生から数時間とたたないうちに、警視庁は、残留物からサリンが検出されたと発表する。この時点で、私のオウムへの疑いは確信に変わった。

サリン事件から二日たった三月二十二日、山梨県上九一色村のサティアン群など、オウムの教団施設への強制捜査が始まった。四月に入ると、幹部クラス六人を次々に逮捕。教祖・麻原は、五月十六日、上九一色村の隠し部屋に潜んでいたところを発見される。

新聞もテレビも雑誌も目の色を変えた。ありとあらゆるマスコミが、記者とカメラマンを総動員する態勢を整えた。この年一月十七日に阪神淡路大震災が起こり、当時のマスコミは地震報道を中心に据えていた。それがサリン事件を境に、紙面も画面も誌面もオウム一色に塗り替わる。

とりわけ血眼になったのが、民放テレビ局だ。朝と午後の各局ワイドショーは、ほとんどの時間をオウムで埋め尽くし、夕方から夜にかけては、「緊急報道スペシャル」とか、「報道特別番組・オウム真理教」略して「オウム特番」で競い合う。

逮捕が近いと囁かれるオウム幹部には、百人を超える記者と何十台ものカメラが張り付き、追いかけ回す。そんな「オウム取材フィーバー」のさなかに、惨劇が起きる。

四月二十三日夜八時三十分過ぎ、取り囲む二百人もの報道陣の目の前で、オウム幹部の村井秀夫が刺殺されたのだ。

港区南青山にあった、教団の東京総本部に入ろうとする村井に記者たちが群がり、質問を浴びせる。そこに突然、男が現れ、大型のナイフのようなもので、左腕と右脇腹を続けざまに突き刺した。苦悶に歪む村井の顔、騒然とする現場……その一部始終が、居合わせたテレビ局のカメラに収められたのだ。

刺殺シーンはワイドショーだけでなく、通常のニュース番組でも繰り返し流された。世論の厳しい批判を浴び、テレビ各局がようやく放映中止を決めたのは、四月二十七日のことだ。

犯人は、右翼の構成員を名乗る暴力団員だった。しかし供述は曖昧で辻褄が合わず、オウムとの接点も、背後関係も不明のまま、懲役十二年の刑に服す。

殺された村井は、オウムの科学部門担当の責任者。サリン事件にからむ「口封じ」説も有力だったが、今に至るも真相は明らかにされていない。

過熱する一方の「オウム特番」に必ず招かれ、いつも冷静にコメントしていたのが、ジャーナリストの江川紹子さんだ。番組がしばしば興味本位の話題に走りそうになると、ひとり真っ当な意見を述べて、流れを引き戻す。

一九八九年に起こった「坂本弁護士一家殺害事件」以来、まる六年にわたってオウムを追及し続けてきたから、取材の厚みが違うし、情報の量も中身もまるで違う。テレビ局にすれば江川さんは、「オウム特番」に絶対に欠かせない存在だった。

そのころ、旧知のテレビ局プロデューサーと飲む機会があった。私は当時、月刊誌『文藝春秋』のデスクの一人だ。

「江川さんを独占したいんですよ。ウチの特番だけとは言わないけど、他局と時間が重なったら、最優先でウチに出てほしい」

「無理でしょう」と私は返した。

「私も長い付き合いだけど、毎月一本の原稿をもらうのが精一杯。なにしろ、殺人的なスケジュールだから」

「独占できるなら、白紙の小切手を渡してもいいんです」

「白紙の小切手！　勝手に金額を書いていいわけだ」

「そうです。松井さんが江川さんなら、いくらと書きます？」

「う～ん…………一億円」

「一億！　そりゃ無理だ。この話、なかったことにしてください」

酒席で交わす他愛ない冗談で話は済んだが、「一億」と言った私は、半ば本気だった。江川さんの六年に及ぶオウム追及の軌跡を、この目で見てきたからだ。その執念と熱意を金銭に換算したら、一億円でも足りないだろう。それが私の正直な思いだった。

話は平成元年、一九八九年にさかのぼる。

第1章

「オウムの狂気」に挑んだ六年

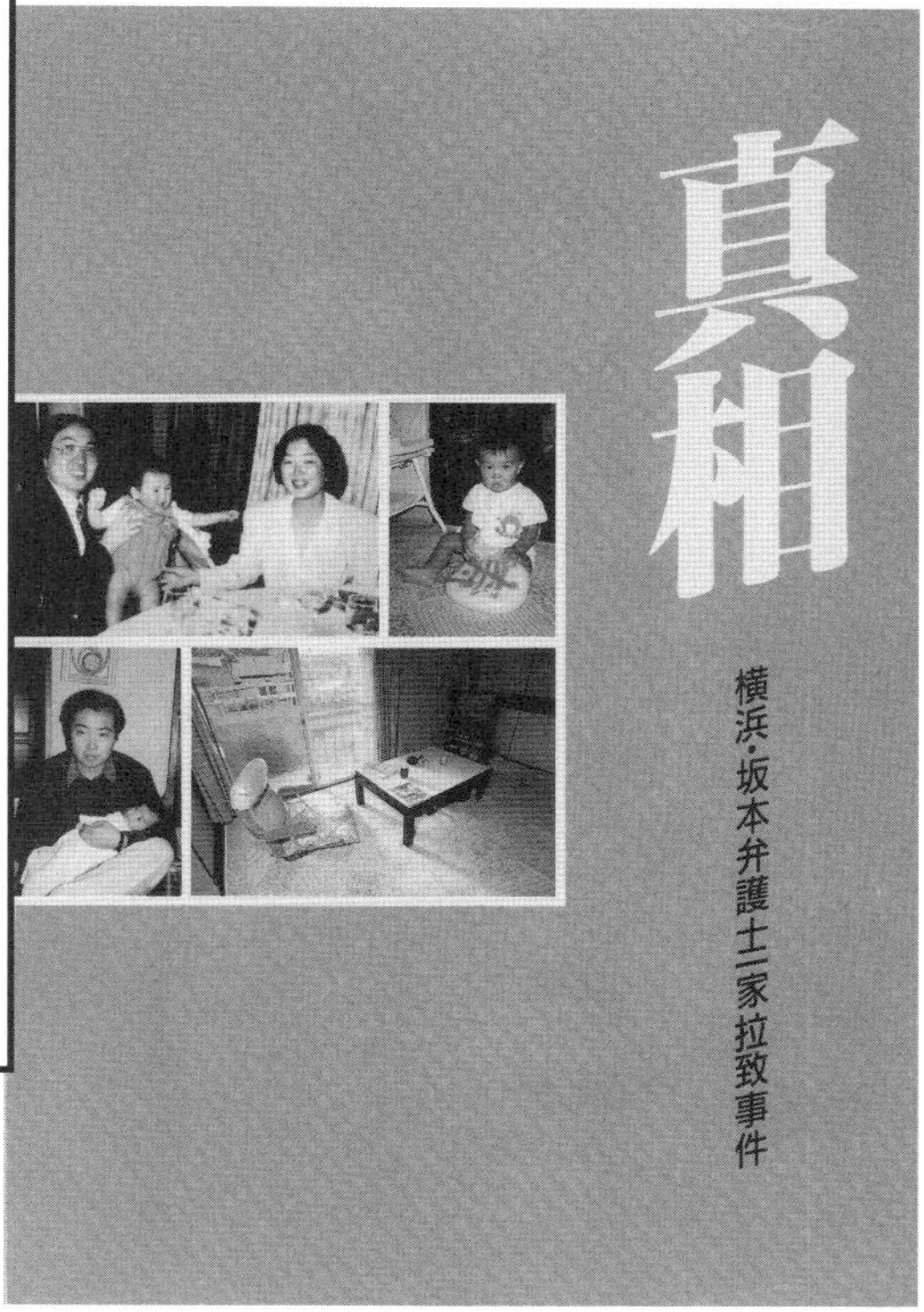

「龍彦ちゃんが眠っている」

「まだ極秘なんですけど、これを見てください」

江川紹子さんは、『週刊文春』編集部の小さな会議室で私と向かい合うと、一枚の紙を広げた。一九九〇（平成二）年二月二十日ごろのことだった。

それは手書きの地図で、こんな手紙が添えられていた。

「龍彦ちゃんが眠っている。誰かが起こして、龍彦ちゃんを煙にしようとしている。早く助けてあげないと！　2月17日の夜、煙にされてしまうかも、早くお願い、助けて！」

金くぎ流の文字からは、筆跡を隠そうという意図が見て取れた。地図には、断面図のような絵が添えられていた。一本の木が描かれ、傍に×印がつけてある。縦に掘った穴からさらに横穴があり、そこに子どもが横たわっている。

横に掘った穴に、妙なリアリティーを感じたのを覚えている。

地図入りの手紙は、神奈川県横浜市の磯子警察署と横浜法律事務所に送られてきたという。差出人の名前はない。封筒は新潟県高田市の消印で、日付は二月十六日となっていた。

横浜法律事務所には、妻の都子《さとこ》さん（29）、一人息子の龍彦ちゃん（一歳二カ月）と共に、三カ月前から行方不明になっている坂本堤《つつみ》弁護士（33）が所属している。事件を捜査しているのが、神奈川県警の磯子署だった。

地図が示しているのは、長野県大町市山中の具体的な場所だ。

しかしなぜ、龍彦ちゃんだけなのか。「誰かが起こして、煙にしようとしている」とは何を意味しているのか。消印翌日に当たる「2月17日の夜」も、何を指すのかわからない。

「いたずらだと思うんですけど……。何か気になって」

江川さんもしきりに首を傾げていた。

「とにかく長野県警が捜索することになったんで、お伝えしておきます。いたずらだと思うんだけど……」

「何かあったら、すぐ記事にするよ。その態勢だけは整えておく」

私は、そう返すしかなかった。

神奈川県警は二月二十一日、長野県警の協力を得て、地図に示された場所の捜索を行った。しかし、現場には雪が六十センチも積もっていて、捜索は難航。四十五人体制で、積雪を掻き分けて地面を掘り起こしたが、何の手がかりも得られないまま、捜索はわずか半日で打ち切られてしまう。いまひとつ真剣さに欠けたのは、両県警にも「いたずらだろう」という思いがあったのかもしれない。

前年の一九八九（平成元）年十一月三日の深夜、オウム真理教の岡崎一明、早川紀代秀、新實智光、中川智正、端本悟の各元死刑囚と故・村井秀夫幹部の六人が、横浜市磯子区の坂本弁護士の自宅アパートに侵入した。

寝ている三人をその場で殺害したのち、布団にくるんで運び出し、別々の山中に埋めてしまう。

都子さんの「子どもだけは……お願い……」という最期の懇願も、教祖・麻原彰晃から「家族ともども殺《や》るしかない」と指示を受けていた信徒たちには通じなかった。

後述するように、当初からオウム真理教による犯行が疑われたが、解決の糸口もつかめないまま、早くも三カ月が過ぎていた。

手紙の送り主は、犯行グループの一人、岡崎一明だったことが、のちに明らかになる。岡崎は麻原教祖の側近中の側近で、専用リムジンも運転していた古参信徒だ。麻原から修行の成就者と認められ、麻原の「尊師」に次ぐ「大師」の地位を、教団で二番目に得ている。ちなみに一人目の「大師」は、麻原の愛人の一人で、教団が省庁制を採用したのち大蔵省大臣となった女性信徒だ。

岡崎が匿名の手紙を出したのは、麻原以下二十五人が、「真理党」から衆議院選挙に立候補していた時期だった。一九九〇（平成二）年二月三日公示で、十八日が投票日。岡崎も東京十一区の候補者だったが、選挙戦さなかの二月十日、オウムから脱走を図る。

その際、二億二千万円の現金と八千万円の預金通帳を持ち逃げしようとしたが、これは幹部の早川に阻止されてしまう。

そこで岡崎は、麻原に対して、退職金名目の「口止め料」を要求。麻原がなかなか応じないので、自分の本気さを示す目的で手紙を送ったのだという。坂本弁護士と都子さんの遺体遺棄現場を示した手紙も投函したが、ようやく麻原が八百三十万円の支払いを了承したため、郵便局に出向いて回収している。

両県警の捜索にもかかわらず、龍彦ちゃんの遺体が見つからなかったことをニュースで知った

岡崎は、麻原に電話をかけた。麻原は、

「Mがずれていてよかった」

と喜んだという。「M」は「メートル」を意味する。

神奈川県警は、それから半年以上たった同年九月になって、手紙を書いたのが岡崎だと知り、当時住んでいた山口県宇部市へ出向いて、三日間にわたる事情聴取を行う。ポリグラフも使われた。

岡崎は、自分が手紙を投函したこと、麻原から金を受け取ったことは認めたものの、頑として坂本事件への関与を否定。こう言ってはぐらかした。

〈「教祖に金を無心したところ、教団には選挙の自由妨害や住民票の不正移動で警察の捜査が入るおそれがあるので、その矛先をそらすため、子どもの遺体でも何でもいいからウソの投書をして、捜査を攪乱してくれ。そうしたら金を出すと言われた」〉(『オウム法廷』④)

この供述を、捜査員は信用してしまう。しばらくして、横浜法律事務所に神奈川県警から連絡が入る。

「例の手紙ですが、差出人がわかりました。悪質ないたずらだと、厳しく説教しておきましたから」

千慮の一失。

連絡を受けた弁護士は、いたずらの主が誰なのか聞き返さなかった。

三人の遺体が見つかったのは、六年近くあとのこと。地下鉄サリン事件をきっかけに、オウム真理教に対して大規模な強制捜査が行われ、岡崎がようやく自供を始めてからだ。

龍彦ちゃんの遺体は、地図が示した場所のすぐ近くから発見された。地図が正確なのも当然で、岡崎は、そこに龍彦ちゃんを埋めた張本人だったからだ。しかも手紙を送るに際し、山口県宇部市から長野県大町市の現場を再度訪れて確かめ、ビデオや写真まで撮っていたことも明らかになる。

雪の中の捜索が時間をかけて丹念に行われていたら、神奈川県警の捜査員が岡崎を厳しく尋問していたら、もっと早く見つけることができたに違いない。江川さんは、この手紙の処理を、初動捜査における神奈川県警の「最大の手抜かりだった」と、著書に記している。

その江川さん自身も悔やんでいた。あとになって、私にこう述懐したことがある。

「ひたすら坂本さん一家の生存を願っていたから、手紙はいたずらであってほしいという思いがありました。私にも、同僚の弁護士たちにも。警察の捜索はたしかに物足りなかったけど、見つからなくてホッとしたのも事実。いたずらでよかったという、気持ちのゆるみがあったんですね」

手紙の一件に限らず、捜査本部の初動捜査は滅茶苦茶だった。

坂本事件の発生直後に、神奈川県警が真剣に捜査に取り組んでいれば、間違いなくもっと早期に解決していただろう。すべての証拠が、オウムの犯行を示唆していたからだ。

そして、坂本事件で麻原教祖を検挙していれば、その後の教団の拡大や武装化を防ぐこともできた。松本サリン事件や地下鉄サリン事件は起こらずに済み、多くの人命や、数え切れない人々の平穏な生活が失われずに済んだ。龍彦ちゃんの捜索を半日で打ち切るなど、まったくやる気のない神奈川県警の姿勢を目の当たりにし、自分の身辺に捜査は及ぶまいと甘く見たからこそ、麻原彰晃は際限なく増長していったのだ。
神奈川県警の罪は、あまりにも重い。

すべては坂本弁護士一家殺害事件から

オウム真理教は、一九八四（昭和五十九）年に、ヨガ道場「オウムの会」として設立され、二年後に宗教団体「オウム神仙の会」となった。「オウム真理教」を名乗るのは、一九八七（昭和六十二）年のことだ。

平成元年のオウムをめぐる動きを見ていくと、彼らにとって坂本弁護士の存在がどれほど邪魔だったかがよくわかる。

一九八八（昭和六十三）年
九月　信徒Mさんが極限集中修行の最中、精神錯乱状態となって死亡。オウム事件で初の死者。遺体を護摩壇で焼却。
一九八九（平成元）年
二月　Mさん死亡の顚末を知る信徒Tさんが脱会を図ったため、岡崎、早川、村井、新實がリンチの末に殺害。オウム事件で初の殺人。遺体は護摩壇で焼却。
五月　坂本弁護士が、未成年信徒の親から相談を受ける。

六月　坂本弁護士らが「オウム真理教被害対策弁護団」を結成。
七月　山梨県上九一色村と河口湖町にサティアン群の建設開始。
八月　オウムが東京都選挙管理委員会に、政治団体「真理党」設立を届け出。
同月　東京都がオウムを宗教法人に認証（申請から半年足らず）。
十月『サンデー毎日』が批判キャンペーン「オウム真理教の狂気」を連載開始。
十月二十八日　坂本弁護士らを中心に、「オウム真理教被害者の会」第一回総会。
十一月四日　坂本弁護士一家殺害事件。
一九九〇（平成二）年
二月　麻原以下二十五人が、衆議院選挙に「真理党」から立候補。全員落選。
同月　岡崎一明が手紙を投函。長野県大町市の山中を捜索。
一九九四（平成六）年
六月二十七日　松本サリン事件。死者八人、負傷者約百四十人。
一九九五（平成七）年
三月二十日　地下鉄サリン事件。死者十三人、負傷者六千三百人以上。
三月二十二日　オウム教団施設を一斉捜査。
五月十六日　麻原逮捕。
九月六日　新潟県名立町で坂本弁護士の遺体を発見。富山県魚津市で都子さんの遺体を発見。
九月十日　長野県大町市で龍彦ちゃんの遺体を発見。

平成元年は、オウムにとって節目の年となる。翌年の衆院選に向けて政治団体を立ち上げ、宗教法人の認証は下りたばかり。教団内では、すでに殺人も行われていた。

一方、坂本弁護士は、信徒の親たちから相談を受けて「被害対策弁護団」を立ち上げる。麻原の著書『神通力――麻原彰晃は魅せた！』の中に、〈京大の医学部で、尊師の血を研究してみたところ、血液中のＤＮＡに秘密があることがわかったのです。〉という記述を見つけ、京大医学部長に研究の有無を照会し、「該当なし」という回答を得た。オウムは「血のイニシエーション」と称して、麻原の血液を信徒に百万円で売っていたのだ。

坂本弁護士は、オウムのまやかしを少しずつあぶり出し始めていた。

十月三十一日夜八時。オウムの顧問弁護士だった信徒と、総務部長の肩書をもつ早川紀代秀、上祐史浩外報部長の三人が横浜法律事務所を訪れ、坂本弁護士と激しいやりとりを交わす。帰り際、

「こちらには信教の自由がありますから」

と捨てゼリフを吐いた上祐外報部長に向かって、坂本弁護士が、

「人を不幸にする自由は許されない」

と言い返すのを、事務所のスタッフが聞いている。

十一月二日深夜、麻原、岡崎、早川、村井、新實、中川は、批判キャンペーンを展開している『サンデー毎日』の牧太郎編集長の殺害について話し合っていた。しかし牧編集長の生活は不規則で、会社に泊まったりするので難しいという結論になる。

すると、麻原が急に、「坂本弁護士はどうか」と言い出した。

「坂本弁護士は被害者の会の実質的なリーダーだ。会をまとめているのは坂本なんだ。このまま放っておくと、将来、教団にとって大きな障害となる。このまま坂本に悪業を積ませないためにも、今彼をポア（殺害）しなければならない」

重苦しい沈黙のあと、

「尊師がそうおっしゃるなら」

と新實が応じたという。

一家三人が忽然と消えた部屋には、オウムの中でも限られた信者だけが持つバッジ「プルシャ」が残されていた。中川が下着につけていたものが外れて落ちたのだ。最初に現場に入った警察官はそれに気づかず、翌日になって坂本弁護士の母さちよさんが見つけて届け出ている。

寝室の十四カ所から血痕も見つかる。ふすまには重い三面鏡が押し付けられた痕があり、じゅうたんがめくれていた。部屋からなくなっていたのは布団だけ。現金も服も残されたままだったから、誰がどう見ても、自ら姿を消したという状況ではない。

にもかかわらず神奈川県警は、事件性を認めようとしなかった。

七年後、麻原彰晃の第二十七回公判で、事件発生当時に坂本宅で現場検証を行った警察官が、東京地裁の法廷に立った。江川さんが『週刊文春』の連載「オウム裁判傍聴記　第七十二回」（九七年三月十三日号）で、その証言を紹介している。

坂本弁護士の母さちよさんが捜索願を出した翌日、坂本宅を実況見分した磯子署の巡査部長は、こう述べた。

〈「室内には現金十数万円があり、物色の跡がないので、泥棒ではなく、居直り強盗の線も薄い。現金や衣服が残っていることから、自ら進んで家出をしたこともないだろう。誘拐など、誰かに連れ去られたのではないか、と判断しました」〉

重大な事件が起きたと十分に認識していたのだ。それなのに、この巡査部長が書いた実況見分調書の被疑罪名欄は、なぜか空白になっていた。「逮捕監禁」被疑事件、つまり拉致事件と書き加えたのは、翌年の十一月になってからだ。

〈「最初の段階では監禁されているという感想をもったが、私一人の考えで罪名を決定することに躊躇し、保留した」〉（『オウム法廷』④）

と、巡査部長は釈明している。

十二月四日になって現場の写真を撮るよう命じられた鑑識課の係長は、麻原の弁護人に「ふすまの傷を見て、どう思ったか」と訊かれて、さらに明確に答えている。

「何か、この部屋で事件があったような気がしました」

「どんな事件が起きたと?」

「そこから連れ去られたとか、誘拐されたとか、傷害事件とか……」

しかし、この鑑識係長も、写真撮影報告書の罪名欄に、「失踪」を「失跡」と書き間違えたあげく、平成七年八月になって「逮捕監禁等」と書き直している。

事件性を頑なに認めようとしない、神奈川県警の姿勢を象徴するエピソードだ。

磯子警察署が坂本弁護士一家の事件を初めて公表したのは、事件から十日以上たった十一月十五日。全国紙が坂本事件をスクープしそうになったため、慌てて公開捜査に切り替えたのだ。その二日後、ようやく捜査本部を設置したのも、国会で事件を問題視する質問が行われる直前のこと。ところが名称は「弁護士一家失踪事件捜査本部」で、拉致でも誘拐でも監禁でもない。「失踪」の二文字は長い間、改められなかった。

十五日の一回目の記者発表は、異常なものだった、と江川さんは書いている。正式な記者会見という形をとらず、磯子署の永山洋右次長が自席に座ったまま、集まった記者たちに簡単なレクチャーをしただけだった。

〈記者たちに告げられた事件名は『弁護士家族の行方不明』。『失踪者』として坂本一家三人の氏名と年齢、それに警察への届け出の経過が簡単に説明された。（中略）

「坂本さんが、最後に横浜法律事務所を出たのはいつですか」

こうした質問に対し、永山次長は信じがたい回答をしている。

「横浜法律事務所は、そういうことは弁護活動の一環だからということで、一切警察に話そうとしないのです」

全くのウソだった。実際は弁護士や事務員たちは全員事情聴取にはきちんと応じていたし、坂本の手帳や事務所に置いてある予定表も、警察にすべて現物を見せたうえで、コピーを渡してあった。当時、横浜法律事務所には二人の刑事が張り付いていたから、弁護士たちの動きもすべて警察は分かっていた。指紋の採取にさえ応じていたのである。〉（『全真相　坂本弁護士一家拉致・殺害事件』＝以下『全真相』）

坂本事件への執念

江川紹子さんがまなじりを決して編集部に現れたのは、十五日の記者発表の直後だったと記憶している。初対面ではないが、それまで一緒に仕事をしたことはない。私は当時、花田紀凱編集長率いる『週刊文春』特集班デスクの一人だった。

単刀直入、江川さんは私の目をじっと見据えて言った。

「県警は失踪と言ってますが、私は間違いなくオウムの犯行だと思っています。オウム真理教と坂本弁護士事件を、週刊文春で取り上げてほしいんです。

誌面を割いてもらえるなら、私にできることは何でもします。資料も提供します。取材のお手伝いもします。坂本さんの同僚の弁護士さんも紹介できます。被害者の会の方たちも。取り上げてください。お願いします」

フリーのジャーナリストで生計を立てているのに、「原稿は自分に書かせてくれ」とは言わない。坂本事件を取り上げてくれるなら、「できることは何でもする。取材のお手伝いもする」という。こんなフリーライターは初めてだった。

江川さんは当時、三十代前半。早稲田大学政経学部を卒業して神奈川新聞社に入社。社会部記者として司法クラブなどを担当したが、三十歳でフリーライターとなった。

小柄で細くて、童顔に丸い眼鏡をかけている。少女のような風体のこの人が、仕事となると無類のタフネスぶりを発揮する。細身の体の、どこにこんなエネルギーが潜んでいるのか、と思わせる人だ。

真剣さと熱意は伝わってきたが、正直、私は気乗りがしなかった。オウム真理教については、『サンデー毎日』が一カ月以上も前から批判キャンペーンを続けていたし、テレビのワイドショーでも盛んに取り上げていたからだ。

先行する週刊誌の後追いはしたくない。それが本音だった。

しかし一方で、坂本弁護士一家が拉致されたという驚くべき事態が目の前にある。間違いなくオウム真理教による犯行だろう。坂本事件に焦点を絞りつつオウムを追及すれば、『サン毎』とは別の切り口が見つかるかもしれないという思いもあった。

最終的に私の背中を押したのは、江川さんの凄まじい執念だった。

「坂本弁護士をオウムに結び付けたのは私なんです。子どもがオウムに入信してしまった母親に相談され、坂本弁護士を紹介した。それが、坂本さんがオウムにかかわるきっかけだったんです。坂本さん一家を何とかして取り戻したい。そのためにできることは何でもしたい。誌面を貸してください」

「どこまで出来るかわからないけど」と私は答えた。

「とにかくやってみよう。弁護士を拉致するだけでも大変なことなのに、一歳二カ月の子供まで連れ去るなんて、絶対に許せない。よし、やろうよ」

ゴーサインを出してからの江川さんの動きは、驚くほど素早かった。それまでの取材で蓄積していた情報と人脈を、フル稼働させたのだ。

すぐに私は、横浜にある馬車道法律事務所の小野毅弁護士を紹介される。坂本弁護士と共にオウム被害対策弁護団を組織し、事件後は事務局長として、オウム対策に取り組んできた人物だ。オウムに関する知識も情報もほとんどない私に、これまでの経緯を簡潔にレクチャーしてくれる。おそらく「今ごろなんで文春が……」という戸惑いもあったろうが、小野弁護士も江川さんも、そんな思いはおくびにも出さない。

「やると決めたら、週刊文春は一歩も引きません」

私の言葉に、小野弁護士は黙ってうなずいた。

次に引き合わされたのは、十月二十八日の「被害者家族の会」第一回総会で、会長に選出されたばかりの永岡弘行さんだ。オウムに出家した長男を取り戻すために、一人で闘ってきた永岡さんは、坂本弁護士との出会いをこう振り返った。

「最初は、ずいぶん若い先生だなあ、大丈夫かなあ、と不安に思ったんです。ところが坂本先生が開口一番、『世の中には誰かがやらなければいけないことがある』とおっしゃるのを聞いて、『この先生なら』と思いました。文字通り、地獄で仏様に会った思いでした」

誠実さを絵に描いたような永岡夫妻を前に、私は約束する。

「坂本事件を追及するキャンペーンを張るつもりです。ウチは決して引きませんから」

完全に本気モードになっていた。

続いて江川さんは、坂本弁護士の所属する横浜法律事務所に私を案内し、岡田尚弁護士をはじめとする同僚弁護士に次々と紹介してくれた。人権派の弁護士事務所だから、右寄りと思われている文藝春秋という会社に対する抵抗感もあっただろう。どこまで本気でやるのかと、腹を探られるような気配を感じたのは事実である。

取材態勢を整える余裕もないまま、『週刊文春』一九八九（平成元）年十一月三十日号（二十三日発売）に「弁護士一家失踪　二つの会見」と題した記事を掲載する。十五日に開かれた、横浜弁護士事務所と神奈川県警磯子署による二つの記者会見の中身を詳細に報じたものだ。無署名だが、記事をまとめたのは江川さん。これが〃出遅れた週刊文春〃の、オウム批判キャンペーンの始まりだった。

続く十二月七日号は「両親が涙で訴える『三人を生かして返せ！』」。坂本弁護士一家の肉親の手記だが、取材も構成も江川さんが担当した。これも無署名。

初めて江川紹子の署名で書いてもらったのは、次の十二月十四日号「私だけが知っている　失踪弁護士とオウム真理教の『暗闘』六カ月」だった。この記事に、江川さんが坂本弁護士事件に執念を燃やす理由が明かされている。

〈坂本弁護士に最初にオウム真理教の「被害者」を紹介したのが私なのだ。もし坂本弁護士がこの宗教をめぐるトラブルの結果拉致されたとしたら……そのことで頭は一杯で、いても立ってもいられない気持ちでこの一カ月を過ごしてきた。

あれは五月十一日の夜だった。私の自宅に、「子供がオウムに行ってしまい、会うこともできないばかりか、今どこにいるかも教えてもらえない」という親（Aさんとしておく）からの相談の電話が入った。

Aさんは警察や東京都などあちこちに相談したが、どうしようもないのだという。たまたま私が、人権問題に関心を持つ女性ライターと紹介された記事を新聞でみかけ、ワラにもすがる思いで電話をしてきたのだ。

相談されても、私にはそうした問題を解決するための知識もないし、一介のフリーライターに大した力はない。特に宗教がからむ問題だから、その子の信教の自由もあるだろうし、私の手には負いかねた。それでも、法律的な観点から解決の道が探れるかもしれないと思い、坂本弁護士に相談に乗ってくれるように頼んだのである。〉

私が坂本弁護士とオウムを結び付けた――その責任を一身に背負って、江川さんはオウムを追及し続ける。この記事のサブタイトルは「警察はなぜ弱腰なのか」。江川さんの鋭い筆鋒は、神奈川県警に向けられている。

〈捜査当局は、この教団に対してなぜかおよび腰だ。警察は「捜査員を百人規模で出している」とか「一カ月間に約二千人に事情聴取を行った」と発表している。手広く捜査を行うのは結構だが、〃数撃ちゃ当たる〃というものでもない。

確かに坂本弁護士の手帳の住所録に記されている人は、軒なみ警察から事情を聞かれている。同僚の弁護士の自宅にまで刑事が赴いている。

にもかかわらず、教団に対するアプローチは非常に消極的と言わざるを得ない。それどころか、オウム教関係者以外に犯人の可能性はないか、という点にいつまでも執着しているようだ。〉

神奈川県警が及び腰だった理由は、オウムが宗教法人で、「信教の自由」を楯にしていたこと。もうひとつの理由は、横浜法律事務所が人権派の弁護士事務所だったことだろう。刑事事件でいくつも無罪を勝ち取っていたし、坂本弁護士自身、「助役に暴力をふるった」として、国鉄が国労横浜支部の組合員五人を訴えた事件の被告弁護を担当していた。この事件は、一九九三（平成五）年に横浜地裁が「でっち上げ」と認め、全員の無罪が確定している。

神奈川県警にとって横浜法律事務所は、何度も煮え湯を飲まされてきた相手だった。

江川さんは著書『全真相』で、さらにこう書いている。

〈記者発表以上にひどかったのが、記者たちへの虚偽の情報のリークだった。

当初警察は、「坂本弁護士は依頼者の金を使い込み、サラ金に手を出した挙げ句に自ら失踪した」というデマを記者たちに流した。少なくとも三社の記者が、横浜法律事務所に問い合わせをしている。もちろんそんな事実はない。同僚の弁護士が説明し、ようやくその噂が立ち消えになったと思ったら、今度は「弁護士になって三年目だというわりには預金が多すぎるという情報がある。事務所には秘密で、何か後ろ暗い仕事を請け負っていたのではないか」という問い合わせが続いた。（中略）

続いて、坂本が学生時代に過激派の活動に加わっており、その関係で内ゲバに巻き込まれたのだという説が流布された。出所は県警の幹部クラスである。このガセ情報は、ある新聞に実際に

掲載されてしまった。〉

〈当時の県警首脳陣は、マスコミの取材に対し、坂本一家の行方不明を「事件か自発的失踪かは五分五分」と言い続けていた。

「横浜法律事務所の言うように拉致だ、拉致だと言っていると、今に恥をかくぞ」

公然とそんなふうに言った幹部もいる。〉

江川さんは、〈県警の幹部クラス〉〈県警首脳陣〉〈幹部〉とぼかして書いているが、ほとんどが古賀光彦刑事部長の発言だった。ある新聞記者は、古賀氏がムッとした様子で、

「事件、事件と言っているが、事件であるという根拠はあるのか、キミ。そんなことだからマスコミも事件を見失うんだ」

と、まくし立てるのを聞いている。

「横浜法律事務所の弁護士さんたちが、マスコミにペラペラ喋るので困るんですよね」

と言い放って坂本弁護士の同僚弁護士を怒らせたり、

「相手は宗教だからなあ。簡単じゃないんだ。宗教法人法には不備があって、なかなか実態が把握できないんだ」

という無責任な発言もあった。

『週刊文春』一九九〇（平成二）年二月十五日号は、「事件から早くも三カ月　捜査を長引かせる『この人』の責任」を掲載する。古賀刑事部長の顔写真まで載せ、捜査責任者を名指しで批判する、極めて異例な記事だった。

〈現場の刑事や記者たちの間に、とうとう「責任論」が囁かれはじめた。「この人」の決断があったなら、坂本弁護士一家の救出はもちろんのこと、三カ月も事件を放置しておくことはなかったろう、という声である。「この人」とは古賀光彦刑事部長。坂本弁護士一家失踪事件の総責任者だが、この事件に限らず、県内に多発する「未解決事件」の責任者でもある。

「古賀さんの着任は昭和六十三年。彼はキャリアですが、神奈川で交通規制課長、大阪でも交通担当と、刑事畑は素人でした。ところが着任一年で十六件もの本部事件を短期間で解決し、えらく出来る人が来たと評判になったのですが、実はこれは捜査一課長が優秀だったから。

昨年一月以降、中国人留学生殺人事件、川崎の神父殺し、鶴見のデパート派遣店員殺人事件、相模原のケンカ殺人など、未解決の事件がドーンと増えて、今では七件くらいある（後略）」（A紙横浜支局長）〉

県警関係者は、こうコメントしている。

〈「現場の刑事たちは、坂本さんの事件は上の決断次第と切歯扼腕《せっしやくわん》しているのですが、全く決断を下さない。守りの捜査では、今後も進展はありえません」〉

警察庁幹部の批判はさらに痛烈だ。

〈「あの事件は、完全に初動捜査の失敗。捜査指揮に度胸がなかったことに尽きます。

神奈川県警は証拠がないと泣き言を言っているようですが、私に言わせれば、『拉致』自体が証拠ですよ。失踪する理由のない人間が消えた。そうなれば『拉致』か『誘拐』しか考えられません。しかし、誘拐なら脅迫電話があるはず。となると『拉致』。それも三人もの人間を拉致するのだから、相当大きな組織の犯行と見ていい。（中略）
なにしろ赤ん坊の生命がかかっている上に、拉致されたのが弁護士。もし長引いて、結果的に生命が失われたりすれば、警察の威信は地に墜ちる。その点の自覚が事件発生当初、足りなかったような気がしますね」〉（同）
同年四月、警察の人事異動があり、古賀部長は高知県警本部長へ異動となる。代わって、警察庁捜査一課広域捜査官室長の栗本英雄氏が刑事部長に就き、県警捜査一課長だった中本博氏が磯子署長に就任して、ようやく捜査は動き始めたのだ。
私は、坂本事件を解決できない古賀氏は左遷されたのだとばかり思っていた。ところが古賀氏は、高知から警察庁へ戻って来て、予算担当の会計課長のあと、警察庁の筆頭課長である人事課長に栄転する。全国警察の人事権を握るとされるポストである。会計課長から人事課長への異動は、超エリートコース。金と人を握った古賀氏は、将来の警視総監や警察庁長官が見込まれる出世コースに乗ったというのだ。
しかも人事課長就任は、平成七（一九九五）年九月。地下鉄サリン事件の半年後であり、坂本弁護士一家の遺体がようやく相次いで見つかった、ちょうどその時期のことだった。
『週刊文春』は、「これでは坂本一家も浮かばれない　神奈川県警『A級戦犯』が大出世」と題する批判記事を掲載する（九五年九月二十一日号）。
警察庁幹部は、口を揃えて、この大出世を非難した。

〈「坂本事件の初動捜査であまりにも慎重になりすぎて、結果、その後にオウムをのさばらせた責任もある。にもかかわらず、出世コースまっしぐらでは、あまりにおかしい」〉

〈「確かに残された証拠も少なかったし、結果的に三人はすぐ殺されており、事件直後に強制捜査に踏み込んでも、救出が叶わなかったのも事実。ですが、当時の及び腰がオウムに自信を与え、警察当局を見くびるようになったのは否めない。それがサリン事件という暴走に繋がってしまった」〉

一連の記事が影響したかどうかはわからないが、古賀氏はその後、警察大学校校長を最後に退職。警視総監や警察庁長官に昇進することはなかった。

一度も弱音を吐かなかった

一九九〇（平成二）年四月に刑事部長が交代して、たしかに捜査は動き始める。しかし、初動捜査の遅れは致命的で、坂本事件の解決への道筋は一向に見えてこない。

江川さんは連日のように横浜法律事務所に足を運び、被害者の会に所属する親たちや元信徒に会い、坂本一家に関する情報を得ようと走り回っていた。

しかし、状況に大きな変化はない。

坂本事件の捜査が行き詰まるとともに、他のメディアの報道は下火になっていく。それでも『週刊文春』だけは、しつこく江川さんの記事を載せ続ける。出遅れた『文春』は、いつの間にか、オウムを追いかける孤独なランナーとなっていた。
私は江川さんと相談し、刑事部長交代の一カ月ほど前から、オウム真理教とは何かという原点に返って、教義のおかしさや、修行の異様さを浮き彫りにする記事を書いてもらった。
〈「オウム真理教」脱走女性が独占告白〉（三月一日号）
〈麻原彰晃が私に強いた「性の儀式」〉（三月十五日号）
〈ダライ・ラマを悪用した麻原彰晃〉（三月二十九日号）
もちろん、江川さんの頭の中には、常に坂本事件がある。
〈坂本弁護士の母「今こそ犯人に訴える」〉（七月二十六日号）
〈新たな逮捕者が握る麻原彰晃の命運〉（十一月八日号）
事件から、早くも一年がたっていた。
十一月十五日号の「悪あがきオウム真理教に大反論」という記事を最後に、オウム批判キャンペーンは、いったん幕を下ろすことになる。
花田編集長は、私に言った。
「オウムはいずれ、大きな事件になる。そのとき江川さんが必要になる。だから、江川さんとのパイプを繋いでおいてくれ」
この人ならではの勘が働いたのだろう。
花田さんの言葉通りに江川さんが必要になったのは、五年も先のことだ。世間が坂本事件とオウムを忘れている間も執拗に取材を重ね、機会さえあれば書き続けた五年間が、そのとき活きることになる。

罪深き文化人たち

坂本事件でオウムに世間の関心が集まると、彼らはそれを巧みに利用した。あるワイドショーに麻原が生出演して潔白を主張すれば、別の番組では麻原の単独インタビューをタレ流す。さらに別の番組には、教団施設の内部を撮らせるといった具合だ。

報道は事件の本質を見失い、麻原夫妻に馴《な》れ初《そ》めを語らせたり、「空中浮揚」や「水中クンバカ」など、麻原の超能力とやらを面白おかしく取り上げる。果てはビートたけしやとんねるずの番組に出演させるなど、バラエティータレントのような扱いに変質していく。オウムの潔白を印象づけるばかりか、何も知らない視聴者に「オウムって面白そうだ」というイメージを与えかねないハシャぎようだった。

テレビ局やタレントも無責任だったが、一部の宗教学者が、麻原を宗教的に優れていると評価し、オウムにお墨付きを与えたことはさらに罪深い。島田裕巳、吉本隆明、山折哲雄、栗本慎一郎といった学者諸氏だ。

とりわけ問題なのが、チベット仏教の専門家として、若い世代にも人気のある中沢新一氏だった。たとえば坂本事件発生直後、麻原が西ドイツのボンへ向かう前夜に、成田市内で対談。その内容は、『週刊SPA!』と『週刊ポスト』に掲載された。

『週刊ＳＰＡ！』十二月六日号では、
〈中沢　例の弁護士さん一家失踪という不可解な事件のことです。これについて、本当のところをお聞かせ願えませんか。オウム真理教をいまの時期、弁護しなきゃならないという義務を感じているものですから（笑い）、その点だけハッキリしていないと、どうも腰のすわりが悪いのです。
麻原　それについては、私たちのほうこそ、狐につままれたような気分なのです。先日の記者会見で説明しましたように、あの事件についてはオウム真理教はまったく関係がないとしか、言いようがないのですよ。（中略）たとえその人がいなくなったとしても「被害者の会」がなくなることもありません。だとすると、オウム真理教が（そんな事件を）やる意味は、まったく見当たらないのです。
中沢　では〝尊師〟は〝先生〟を前に、はっきり否定されるわけですね。
麻原　はい。もちろん否定します。
中沢　それなら〝弁護士〟としても気が楽になりますけどね。くどいようですけど、かりに若い連中が、麻原さんの気づかないところでやっちゃったということも、ないですよね（笑い）。
麻原　もちろんですよ。
中沢　管理不行き届きだったりして（笑い）。〉
一歳二カ月の子どもを含む一家三人が行方不明になっている切迫した事態を、この学者はどう受け止めていたのか。私は、これほど愚劣な対談を後にも先にも読んだことがない。
『週刊ポスト』十二月八日号は、中沢氏へのインタビューという体裁で、「オウム真理教のどこが悪いのか」というタイトルをつけている。

〈僕が実際に麻原さんに会った印象でも、彼はウソをついている人じゃないと思った。むしろいまの日本で宗教をやっている人の中で、稀にみる素直な人なんじゃないかな。子供みたいというか、恐ろしいほど捨て身な楽天家の印象ですね。〉

〈いま問題になっている横浜の弁護士失跡事件で、もし、万が一、オウム真理教の組織の末端が、家族ごと拉致するというバカな犯罪行為を犯していたとしたら、『困るんだなぁ』と麻原さん本人は無邪気に語ってましたけど、そうなるとオウム・バッシングは正義を得て致命的なものになってしまうでしょうね。これは、僕にとっても日本の社会にとっても非常に残念で、困ったことなんですよねェ。〉

一連の事件で麻原が逮捕されたあと、島田裕巳氏のように過ちを認め、自分なりに総括を行った学者もいる。だが中沢氏には、反省のかけらもないようだ。

麻原の一審における弁護側最終弁論は、麻原が宗教家として高い評価を得ていた証拠として、『週刊プレイボーイ』に掲載された中沢氏のインタビュー記事を長々と引用している。

〈聖なる狂気（デヴァイン・マッドネス）という言葉を出したとたんに、あれほどすばやい反応と正確な理解をしめしたのは麻原さんがはじめてでした。この言葉は、宗教の本質に触れているものです。人間のなかには、社会の常識によって囲い込まれた、狭い枠を破っていこうとする衝動がひそんでいます。より高いもの、より純粋なもの、より自由なものに向かっていこうとする衝動です。その衝動を、現実の世界の中で実現しようとすれば、まずは社会の常識と衝突するこ

とになります。（中略）
麻原さんは、日本人の宗教に欠けているのは、そういう反逆のスピリットなのだ、と強調しました。そのときの麻原さんは、宗教家というよりも、革命家のような口調でしたが、私はそのとき、ああ、これで現代日本にもラジニーシ（インド生まれの宗教家。渡米し、世界規模で弟子を集めるが、国外退去を命じられる。九〇年、死亡）のようなタイプのラジカルな宗教家が、はじめて出現することになったのだな、この人はなにか新しいことをしでかす可能性を持った人かも知れないな、と思ったのです。〉
なんと『週刊プレイボーイ』の記事は、地下鉄サリン事件が起こってオウムに一斉捜査が行われ、五月十六日に麻原自身が逮捕された直後の、九五年五月三十日号に掲載されている。

ニセ情報に振り回された日々

坂本弁護士一家が行方不明になった当初は、「拉致され、どこかに監禁されているだけで、生きてはいるだろう。まさか、一歳二カ月の子どもに手をかけるはずがない」と誰もが思い込んでいた。そのため、さまざまな生存情報や目撃情報が飛び交った。

事件から一年が過ぎたころのある日、花田編集長が私を呼び、目の前に一枚の写真をぽんと置いた。

「この女性が、坂本さんの奥さんの都子さんだというんだ。富士宮のオウム総本部の中で撮ったらしい」

大勢の人が集まっている様子をごく自然に撮った、スナップ写真だった。写りは鮮明ではないが、その中で少し右向きの横顔を見せている女性が、都子さんだという。

「これを持ち込んだ人は、オウムの事情にものすごく詳しくて、一家三人は別々の施設で生きて暮らしているらしい。この写真が本物かどうか、急いで確定してほしいんだ」

と花田さんは言う。私はすぐ江川さんに写真を見せた。

「ウーン、違うと思いますけどねえ」

という感触だったが、都子さんをよく知る人に見てもらったほうがいいと、宇都宮健児弁護士を紹介してくれた。都子さんは結婚前に、宇都宮法律事務所で働いていたことがあるからだ。

宇都宮弁護士に電話をかけ、用件を伝えると、超の付くほどの多忙にもかかわらず、

「明日の朝、一番で事務所に来てください」

即答だった。翌朝、写真を持って行くと、アルバムを手にした女性が待っていた。都子さんが勤めていた当時、一番親しくしていた職員だという。今は退職している元同僚を、わざわざ呼んでおいてくれたのだ。

女性に写真を渡すと、じっと見てから「違うと思います」と言う。その言い方には迷いがない。

「なぜですか」と尋ねると、

「都子さんは顎の右のところに、本当に目立たないんですけど、小さなほくろのような、シミのようなものがあるんです。この写真の女性にはそれがありません」

親しい友人にしかできない指摘だった。

そばで見守っていた宇都宮弁護士が、腕を組んで天を仰いだ。

「うーん、違うのか……」

このときの誠実な対応には、今でも頭の下がる思いがする。クレジットカード破産やサラ金問題で被害者の側に立ち、厄介な債権者を相手に一歩も引かない。そんな宇都宮弁護士のＤＮＡが、都子さんを通して、坂本弁護士に引き継がれたのだろうか。

花田さんは、前金としていくらか払ってこの写真を入手し、本物とわかって掲載に至れば、さらに同じ額を払う約束をしていたようだ。

私は「よくも騙《だま》したな。人の生死にかかわる嘘だけは許せない」と腹を立て、写真を持ち込んだ男の正体を知りたくなった。はっきり覚えていないが、東京近郊のどこかの市だったと思う。教えられた住所へ行ってみると、そこは工務店だった。入り口に、聞いたこともない右翼団体のビラが貼ってあったのを記憶している。

「上がってくれ」と言われて事務所へ入ると、

「おい、写真は間違いなかったろう」と、相手が切り出す。

「いや、違います。別人ですよ」と、私が理由を述べる。

「そんなはずはない。絶対、間違いないんだ！」

押し問答になって男が席を外したとき、大型テレビを置いたラックの中を見ると、オウムに関する報道番組やワイドショーのラベルのついたビデオテープが、何十本も並んでいる。私はハタと膝を打った。

「そうか、この男はテレビからオウムの知識を得て、たぶん番組の一場面を写真に起こして売りつけたに違いない」

そのあとも十五分くらいやり取りを続け、「とにかく、これはお返しします」と写真を押しつけて席を蹴った。支払い済みの前金は戻ってこなかったが、〝追い銭〟は払わずに済んだ。

そんな情報が、あのころはあちこちから舞い込んできた。


一九九一（平成三）年から一九九三（平成五）年までの三年間は、江川さんにとって一番つらい時期だったろう。捜査は膠着状態となり、『週刊文春』も含めてマスコミは沈黙を余儀なくされている。もどかしい日々だったに違いない。

そのころ、深夜十二時を回ると、週に一度は江川さんから私の自宅に電話がかかってきた。酒はけっこう飲む人だから、たいてい酔っていて、やや呂律《ろれつ》が回らない。

「今日もいい話は全然ありませーん。ほんとに、県警、やる気がなーい！」

話題はいつも坂本事件の進捗状況で、記者の誰がこう言っていた、元信徒からこんな話を聞いたなどと、とりとめなく話す。三十分、一時間は当たり前、深夜の三時に及ぶこともあった。

いま思い返しても、江川さんは、愚痴はこぼすけれども泣き言は口にしなかった。弱音を吐いたことは一度もない。そして電話の最後に、必ずこう聞いてくる。

「さっきお話しした信者の訴え、記事になりませんか？」

私が黙っていると、

「無理ですよね」

自問自答して電話を切った。

九一年の十二月だったと思う。私は花田編集長の了解を得て、オウムとは無関係のテーマを依頼する。同年六月に発生した雲仙普賢岳の火砕流――報道陣を含む四十三人の命が一瞬にして奪われた大惨事を、徹底検証するドキュメントだ。

少し考えたあと、江川さんは「やります」と快諾してくれたが、こう付け加えるのを忘れなかった。

「もうオウムはやらない、ということではないですよね」

「捜査に動きがあれば必ずやる。そのときは、もちろん江川さんに頼むよ」

いったん引き受けたら、とことんのめり込む人である。すぐに現地に入って取材を重ね、翌九二年の一月二十三日号、一月三十日号と、二週にわたるルポルタージュ「大火砕流に消ゆ」を書き上げた。雑誌掲載のあともさらに取材を続け、十一月には同じタイトルの単行本を出版する。

「火砕流で焼き尽くされて、泊まるところもなかったでしょう？　どこで寝てたの？」

そう聞いた私に、江川さんは顔色一つ変えずに答えた。

「復旧作業にあたっている自衛隊の人たちに交じって、寝袋で仮眠をとってました。そのほうが、いろいろ話も聞けるし」

自然災害にまつわる一連のルポルタージュは、捜査もマスコミも鳴りをひそめた「空白の三年」を埋める役には立ったかもしれない。しかし、そのぶんオウムへのチェックが甘くなってしまったのも事実である。江川さんが『全真相』に書いている。

〈私もずっと坂本事件やオウム真理教の取材だけに専念していたわけではない。（中略）雲仙普賢岳の噴火災害や北海道・奥尻島で大きな被害が出た北海道南西沖地震などの災害取材に時間を割いており、オウムへの取材は非常に薄くなった。

今考えれば、その頃オウムはさらに武装化の傾向を強め、ついには毒ガス製造に着手していた非常に重要な時期だった。その時にきっちり取材をしていなかった甘さを、私は後で非常に後悔することになった。〉

武装化するオウム

もはや捜査の手は伸びてこない、と高を括ったのだろう。麻原の増長は留まるところをしらず、信徒たちは教祖への帰依を深めていった。

オウム武装化のきっかけは、坂本事件から三カ月後、一九九〇（平成二）年二月に行われた衆議院選挙である。すでに述べたように、麻原を筆頭に信徒二十五人が「真理党」から立候補。若い女性信徒にゾウの帽子をかぶらせ、街宣車の上で踊らせると、マスコミは「オウムシスターズ」と名付けてもてはやした。

二十五人全員が落選すると、麻原は「これは国家による陰謀だ」と主張し、教団の武装化へ急速に舵を切る。このときから、教団施設内での化学兵器や自動小銃の製造が本格化していくのだ。

敵対相手と見なす個人への攻撃も、激しさを増していく。一九九三（平成五）年十一月と十二月の二回、東京・八王子の創価学会関連施設に向けて、完成したばかりのサリンを噴霧する。池田大作名誉会長を暗殺するためだった。その三カ月前の八月、山梨県上九一色村の教団施設に、サリン製造実験の「クシティガルバ棟」が建設されていたことがわかるのは、ずっとあとのことだった。

一九九四（平成六）年になると、オウムの攻撃はさらにエスカレートしていく。

五月九日、オウム信者のカウンセリング活動を行っていた滝本太郎弁護士が襲われる。駐車場に止めてあった車のフロントガラスにサリンを流されたのだ。

〈帰り道、視界が暗くなるなどの症状は出たが、大事には至らなかった。滝本は、車に乗るとウォッシャー液で窓を洗う癖があった。〉（『全真相』）

そのため、サリンの大部分が加水分解され、事なきを得たのだろう。

滝本弁護士は、あわせて三回も殺されかけている。車のドアの取っ手にＶＸが塗られたときは、革手袋をしていたため難を逃れた。富士宮市内の旅館でオウムと交渉しているとき、オウム幹部に勧められて飲んだジュースのコップに、ボツリヌス菌が塗りつけてあったことも、のちに判明する。

教団を批判する漫画を描いた、漫画家の小林よしのりさんも、ＶＸで狙われた。

江川さんが標的にされたのは、九月二十日未明のことである。事件発生からしばらく時間がたったころ、江川さんが当時住んでいた横浜市内のマンションから電話をかけてきて、

「どうもオウムに襲われたみたいです。新聞受けからホースみたいなものを突っ込まれて、部屋に何か撒かれたんです。白い煙がもうもうと出て、すごく目がちかちかして、喉が痛いんですよ」

淡々と言う。私は動転してしまい、

「すぐ警察に通報して！　救急車を呼んで病院に行かなきゃだめだ！」

「やっぱり警察に連絡したほうがいいですかね。どうせ何もしてくれないと思いますよ。でも、もう大丈夫だと思います。窓を全部開けて、煙を出したから」

江川さんは落ち着いたもので、口調もしっかりしている。私は「警察に連絡して、すぐ病院に行って」と繰り返して受話器を置いた。

あとでわかったことだが、事は重大だった。

殺害を指示したのは麻原で、新實、遠藤誠一、中川、端本の四人が、廊下に面したドアの新聞受けから、毒ガスのホスゲンを撒いたのだ。ドアノブがゆるんでいたことから、四人が侵入を試みたことも明らかになる。

江川さんは気丈にも、逃げる犯人を追いかけたようだ。

〈ドアを開け、外廊下に出てみると、黒っぽい服装に、頭をフルフェースのヘルメットのようなもので覆った男がマンションから走り出て、待っていた車の助手席に乗り込み、急発進で逃げるのが見えた。〉（『週刊文春』九五年三月三十日号）

しかし、私には何も言わなかった。それから一週間くらい、満足に声が出ない状態が続いたようだが、泣き言も恐怖心もまったく口にしない。おそらく、「自分が坂本弁護士をオウムに結び付けた。拉致された一家三人の恐怖を思ったら、自分の身に起こったことなど取るに足らない」という意識が強かったのだろう。

事件の前にも、脅迫電話が絶えないと洩らしたことはあるが、怯えるそぶりなど少しも見せなかった。

江川さん襲撃の三カ月ほど前、六月二十七日に松本サリン事件が起こる。死者八人、負傷者約百四十人。オウムによる無差別大量殺人の幕開けだったが、またしても捜査は迷走する。長野県警は、現場近くに住む、第一通報者の河野義行さんを誤認逮捕してしまうのだ。

警察の失態を嘲笑うように、オウムの暴走は加速していく。

一九九五（平成七）年一月一日、読売新聞の一面にスクープが躍った。上九一色村でサリンの残留物が検出されたというのだ。この〝元旦スクープ〟をきっかけに、警察もようやく重い腰を上げたのか、オウムに強制捜査に入るという情報が流れ始めた。

その直後の一月四日、私が連絡を取り合っていた「被害者の会」の永岡弘行会長が襲われる。みぞれ交じりの雨が降っていたこの日、永岡さんは自宅マンションの駐車場で車のタイヤを交換し、昼食を済ませたあと、突然苦しみ出す。目の前が暗くてよく見えないと訴え、大量の汗をかいて、のけぞるように倒れ、救急車で大学病院へ運ばれた。脳幹梗塞という診断だったが、翌日の血液検査で有機リン中毒と判明する。

新實や井上嘉浩らと共謀した元自衛官の信徒が、タイヤを交換している永岡さんの首の後ろから、注射器で猛毒のＶＸをかけたのだ。ＶＸの毒性は、サリンの百倍だという。

解毒剤を投与されて、永岡さんはかろうじて一命を取り留め、二週間ほどで退院。江川さんから電話をもらって、私は自宅へ駆け付けた。退院はしたものの、視力は十分に回復せず、握力がない、微熱が続くなど、後遺症は深刻だった。何よりも、事件当時の記憶が完全に欠落している。例によって、警察は動かない。どころか、「農薬のスミチオンを飲んで自殺を図った」と勝手に判断し、マスコミにもリークする始末だ。そんな中傷にさらしておくわけにはいかないし、再度の襲撃も考えられる。家族にも身の危険があるから、江川さんの依頼もあって、私は都内のホテルに部屋を取り、しばらく一家をかくまうことにした。

オウム真理教「被害者の会」はその後、「家族の会」と名称を変えるが、永岡さんは、いまも後遺症に苦しめられながら、活動を続けている。

先陣を切って批判キャンペーンを始めた『サンデー毎日』は、オウムの凄まじい攻撃を受けた。麻原自ら弟子を引き連れ、編集部に乗り込んだ。それでも連載が続くと、毎日新聞社に街宣車を横付けし、大音量で示威行動に出る。

牧太郎編集長の自宅には、「地獄に落ちるぞ」といった嫌がらせの電話が、朝から晩まで鳴りっ放し。最寄り駅までの道筋に立つ電柱には、「でっち上げはやめろ」と大書された、牧さんの写真入りのビラが貼られたという。毎日新聞の社屋に爆弾を仕掛けて吹き飛ばす計画を立て、実際に岡崎と早川が地下駐車場の下見まで実行していたことも、やがて明らかになる。

ところが『週刊文春』に対しては、激しい抗議や嫌がらせ、直接的な攻撃はほとんどなかった。

厄介なことといえば、キャンペーンの担当デスクだった私に、オウムの上祐史浩外報部長が毎週、抗議の電話をかけてくることだった。決まって、『週刊文春』が発売される木曜日の夕方五時ごろ、内容はいつも同じだ。

「あなたは信教の自由ということがわかっていない」

「我々が事件に関与したという証拠があるんですか」

「これは宗教弾圧ですよ」

「いつまで記事を続けるんですか」

冷静かつ論理的ではあるが、速射砲のように畳み掛けてくる。私がひとこと言えば、何十倍も返ってくる。まさに「ああ言えば上祐」で、私はほとんど聞いていただけだ。

最後はいつも、

「もう告訴するしかないですね」

「訴える訴えないはそちらの判断ですから、私がとやかく言うことじゃない。確信があるから、記事は続けますよ」

というやり取りで終わる。そんな抗議の電話が、ほぼ毎週のように一時間から一時間半くらい。私はその電話を〝上祐の定期便〟と呼んでいた。

自宅への嫌がらせは多少あった。夜中にかかってくる電話は、無言だったり、「ふっ、ふっ」と不気味な声だけ残して切れる。

ある日、深夜に帰宅すると、マンション一階の集合郵便受けに、ずらっとオウムのパンフレットが差し込んであった。まるで花束でも挿したように整然と並んでいる。

よく見ると、我が家のポストにだけ入っていない。

なるほど、我が家にだけ差し込んであったら、たいした効果も迫力もなかっただろう。よく考えるものだな、と感心したが、さすがにいい気持ちはしなかった。

オウム真理教に対する強制捜査が一段落し、麻原や主だった幹部が逮捕されたあと、私は検察庁に呼び出される。「あなたは全部で八件、オウムから刑事告訴されていました」と告げられ、仰天したが、当時は知る由もなかった。簡単な上申書を提出して一件落着となったのは、言うまでもない。

オウムの敵意や憎悪は、キャンペーンを牽引した江川さんに向けられ、小柄な彼女が一身に背負ってくれたのだろう。

オウムの暴走は、もはや止めようがなかった。

①一九九四（平成六）年六月、すでに述べた松本サリン事件。

②同年七月、上九一色村で異臭騒ぎ。異臭が発生した現場近くの土壌から、サリンの原料にもなる有機リン系化合物が検出される。

③一九九五（平成七）年三月五日、京浜急行電車内で異臭事件。下り普通電車が横浜駅を発車した直後、乗客が異臭を感じ、目の痛みや咳を訴え、救急車で運ばれた。

④同年三月十五日、東京・霞ケ関駅構内で不審なカバンを発見。中には噴霧器が三個入ってい

て、いずれも時限式かつ超音波振動式だった。

そして、同年三月二十日、地下鉄サリン事件という未曽有の大惨事が起こる。

捜査当局は、②から④までの事件はすべて、「地下鉄サリン事件」の予行演習だったとみている。長いあいだ謎とされていたのが、事件③だ。なぜオウムは、京浜急行という地味な路線を選んだのか？　なぜ横浜発の普通電車なのか？

江川さんが、『週刊文春』三月三十号に書いている。

〈単なる偶然だろうか、この路線は普段私が利用しているものなのだ〉

司馬遼太郎さんの宿題

五月十六日、麻原教祖が第六サティアンの小さな隠し部屋で発見され、逮捕される。傍らには、九百六十六万二千四百八十三円の現金と、菓子の「カール」や飲料水があった。捜査員が壁にあけた穴から担ぎ下ろしたとき、麻原は「重くてすみません」と呟いたという。
『週刊文春』八月十七日・二十四日合併号と翌週号は、オウム事件を巡る司馬遼太郎さんと立花隆さんの対談を掲載している。「知の巨人」二人の議論は、オウムの本質を見事に衝いていた。少し長くなるが引用する（原文を適宜、改行した）。
〈立花　先生は事件についてどのような印象をお持ちですか。
司馬　難しいですねえ。高度な意味ではなくてね。いまの若い人も、歳をとったら、自分の孫に「おじいちゃん、オウム事件のときどう思った?」ときかれる。しかしなかなか一言では言えないと思うんです。

人類に先例がないですね。人間たちがああもロボット化されるものかということ。人間の本性に惻隠《そくいん》の情というのがあって、だれもがひとの不幸を気の毒だと思うものですが、彼らは利害や感情の動機をもたず、芝生を草刈り機で刈るように不特定の大衆をガスで殺したこと。これはなにかなど、僕にはうまく言えないけれど、無理に言ってみましょう。

僕は、オウムを宗教集団と見るよりも、まず犯罪集団として見なければいけないと思っています。とにかく史上稀なる人殺し集団である。このことを最初に押さえておかないと、何を言っても始まりません。

この事件が起こってから、小説の売れゆきが落ちたらしい。テレビのドラマを見ている人も現実のオウムの報道のほうが、人間とは何かを生々しく語っているので、アホらしくなったと言っていました。

実際、麻原をはじめ、一見個性ありげないろいろな人物が次々に登場してきて役どころを演じるんですね。たとえば、村井秀夫という人。殺人手配人だったそうですが、有能な陸軍大尉のようにふるまったあげく、殺される。そのシーンなどが頭に焼きついていて、まるでシェイクスピア劇のような展開がある。

彼らは閉鎖社会をつくっていて、彼ら以外の人間は別の世界に住んでいる。お釈迦さんの時代の用語を中国語化したものに「外道《げどう》」というのがありますが、外道の集団がいて、外道の思想をつくりあげて、外道同士も殺しあっている。で、外道の集団は疑似国家をこさえて、他の世界に対して戦争を準備している……。

シェイクスピアでもこんな話は書けなかったですね。こんなことが世の中にあるものかと思って見ていた。それが第一印象でした。

立花　ほんとですね。信じられないような話が次から次に展開した。いまだに訳がわからない部分がいっぱいある。いちばんわからないのは、やっぱりあの人間の殺し方ですね。どうしてあんなに安易に人を殺せるのか。

司馬　人類の歴史で、こんなに冷酷に無差別殺人を犯した集団はないでしょう。古い仏教用語の悪鬼羅刹《らせつ》が日常人の顔をして出てくる。これを憎まなければ日本は二十一世紀まで生きのびることはできません。〉

いつも沈着冷静な司馬さんが、感情を剝き出しにしている。オウムを厳しく糾弾するだけでなく、二十一世紀の日本社会に向けて警告を発している。

さらに、麻原を〈史上最悪の人間〉と断じ、すべての罪を自分が背負うならまだしも、弟子のせいにするなら、単なる詐欺師だと斬り捨てる。

〈立花　日本史における「悪」の系譜を考えますと、麻原みたいな存在は他にいたんでしょうか。

司馬　いないでしょう。よく言われるように、日本人には強烈な善人も少ないかわりに、強烈な悪人も少ない。それがわれわれの劣等感でもありました。ここにきて初めて、史上最悪の人間を持ったのかもしれませんね。

もし麻原が「全部俺がやったんだ。俺はかくかくしかじかの考えがあったんだ」と言えば、強烈な〝悪の栄光〟に照らされ、悪人殿堂におさまることができるんです。しかし「私は目が悪いからそんなことはできない、見えるはずがない」などと言って誰かに責任を押しつけている。それではただの詐欺師になってしまいます。〉（対談ＰＡＲＴ１）

議論が進むにつれ、司馬さんの麻原・オウム批判は、さらに苛烈なものになっていく。

〈麻原は、平凡な精神医学者が鑑定しても、まず誇大妄想と言うでしょう。自分の妄想をほんとに信じて次の妄想を生む、そういう性質だと。僕は、麻原にどんな宗教的権威も、哲学的権威も与えたくないものだから、こんなふうに言いきってしまいたいんですがね。〉（対談ＰＡＲＴ１）

〈司馬　よく言われるように、宗教はたしかに狂気の部分を孕《はら》んでいる。また狂気の部分を孕んでいなければ、宗教が宗教たるゆえんはないのかもしれません。だけど、「宗教は狂気でなければならないんだ」という意見には、僕は反対なんです。（中略）

立花　でも、宗教というのは、もともと無害なものじゃないでしょう。キリスト教だって、社会的に認められたのは、キリスト死後三百年もたってからで、それまでは、こんな有害な宗教はないと思われていたから、信者は片端から処刑された。仏教の出家思想だって、反社会的なものとみなされた。

既成宗教がみんな無害なものになってしまったから、若い人はかえってオウムの持つ毒の部分に引きつけられたんじゃないでしょうか。

司馬　法隆寺が風景になっているように、既成宗教は風景になっている、だから人を救えないんだという意見がある。しかしそういう言い方は現代人をなめすぎています。人間はね、もう宗教に救われなきゃいけない具合にはなっていないんです。人間の方が進化して、耐性をもったいろんな抗体もできている。いまイエス・キリストが出てきても、そのへんにいる普通のおじさん、おばさんでもたじろがないですよ。オウム論をする場合、狂気こそ宗教だ、従ってオウムが狂気であるのは当然だというのは、僕は大学の研究室の中の言葉にしておいてほしいんです。〉（対談ＰＡＲＴ２）

司馬さんは翌年、二十一世紀を迎えることなく、突然に世を去る。この発言が「遺言」であったかのように。

マインドコントロールの恐怖

司馬さんの「人間たちがああもロボット化されるものか」という言葉は、信徒がマインドコントロールによって凶悪な犯罪に駆り立てられた事実を言い当てている。

岡崎は初公判の意見陳述で、坂本弁護士一家殺害の指示を麻原から受けたとき、反対する気持ちは起こらなかったのかと聞かれて、こう答えた。

〈「私たちは当時出家している。一生、解脱悟りを目指すため、衆生の魂を救うために出家しているから、生殺与奪すべてが麻原にある。グルの決めたことに反駁することは出来ない。崇高な知恵に対して、私たちのような者がものを言えるはずがない」〉（『オウム法廷』⑤）

統一教会（世界基督教統一神霊協会）の元信者で、アメリカでカルト対策に取り組むスティーヴン・ハッサンは、著書『マインド・コントロールの恐怖』（恒友出版）の中で、マインドコントロールをこう定義している。

〈個人の人格（信念、行動、思考、感情）を破壊してそれを新しい人格と置き換えてしまうような影響力の体系〉――。

この本の訳者である浅見定雄・東北学院大学教授は、日本におけるカルト宗教研究の第一人者だ。井上嘉浩元死刑囚の法廷で、浅見教授はこう証言した。

〈私はよく（カルト信者について）ゆで卵のたとえをする。カルトによって作られたカチカチの殻に閉じこもった子どもを見て、家族はすっかり変わってしまった、と思う。感情を表すことはないし、家族から見ると一見妙なことに目を輝かす。それしか外からは見えない。

しかし、それをうまく金づちで叩き、つぶさに優しいカウンセリングをすれば、殻にひびが入り、中からプリンプリンの赤ちゃんが出てくるのです。本人も殻に閉じこもってはいるが、ときどき内側の自分がささやくこともあるのです〉（『オウム法廷』⑨）

浅見教授はその後、井上嘉浩のカウンセリングも手がけている。

井上に死刑ではなく、無期懲役を言い渡した一審判決は、「被告はマインドコントロール下にあった」という弁護側の主張を認め、こう述べた。

〈被告人は、本件各犯行当時、教団内にあって松本から心理的拘束を受け、その命令や意思に反することが心理的にかなり困難な状況にあり、そのような事情は量刑にあたっては一定限度で考

慮することが出来るといえよう。〉

ほかにも多くの被告弁護人が、専門家による鑑定を基にして、マインドコントロールの影響を考慮するよう主張した。しかし判決には、ほとんど影響を及ぼさなかった。

井上に対する判決も、二審で死刑に変更され、確定した。

二〇一八（平成三十）年七月六日、死刑囚十三人のうち、教祖・麻原をはじめ七人、二十六日には残る六人の刑が執行された。

先述したオウム真理教「家族の会」は、麻原を除く十二人の弟子たちへの死刑執行回避を訴え、署名活動を続けたが、実らなかった。永岡会長自身がVXで殺されかけたのに、弟子たち十二人の死刑回避を求めた。その理由は、「家族の会」のホームページに、次のように記されている。

〈死刑囚となっている信者たちは実際に多くの犯罪を行い、多くの人の人生を狂わせ、今でもその後遺症に苦しむ人も多くいるという事実を踏まえ、受けた判決を重く受け止めています。

しかし彼らはオウムに関わる以前には犯罪の傾向など全くない普通の青年たちであり、悟りを得ることを求めて熱心に修行していた結果が犯罪を犯すという最悪の結末を迎えることになってしまったのです。またある時期からは麻原の指示に従わなければ殺されるという異常な状況の中、麻原の指示に逆らうことができず犯罪を犯してしまった信者も多くいます。

私たちはこのような異常な犯罪を引き起こした麻原と、指示されて実行犯となった信者たちが同じ刑を受けることに対し不合理を覚えると共に、このような犯罪が引き起こされた原因はさらに深く究明されなければいけないと考えています。そのためにも実行犯の信者は生きて最後まで自分の犯した犯罪と向き合わなければいけないと考えています。〉

死刑執行に先立って、「遺骨をどうするか」と聞かれた麻原は、迷うことなく「四女に」と答えたという。法廷での数々の不規則発言や、東京拘置所内で糞尿を垂れ流すといった奇行は、すべて詐病によるものだったことが明らかになる。

平成元年に表面化したオウム事件は、令和元年を迎える直前、十三人の死刑囚全員を処刑して、決着という形を整えたかに見えた。しかし、十分な検証は本当になされたのか。オウム事件の処理は完全に終えたと言えるのだろうか。

地下鉄サリン事件という衝撃から立ち直り、乗り越えるために、日本人は平成という時代のすべてを必要とした。いや、新しい時代を迎えてもなお、傷は癒えていないのかもしれない。

世界には、数々の過激な宗教があった。それに比べても、オウムが内部で起こした信者のリンチ殺害やサリン事件の残虐さは際立っている。

当時、「なぜ理科系を中心とする高学歴の信徒が、空中浮揚といった麻原の超能力を信じ、犯罪の指示に唯々諾々《いいだくだく》と従ったのか」という議論が盛んになされた。しかし、その疑問は、私にはなかった。統一教会という宗教の取材を通じて、カルト宗教が行うマインドコントロールの恐ろしさを思い知らされていたからだ。

マインドコントロールは、洗脳と混同して語られることが多い。その違いを簡単にいえば、眠らせないなどの強制的な圧力や、生理的・物理的な圧力を伴うのが洗脳。相手に気づかせないうちに、精神や行動を意のままに操るのがマインドコントロールだ。

オウムでは、ＬＳＤなどの薬物を使ったり、真っ暗な独房に長時間閉じ込めるなど、強制的な洗脳の手法も用いられた。恐怖心も十分に植え付けられている。

一方、かつてハッサンも所属していた統一教会の信者たちは、それと知らぬ間にマインドコントロール状態へと導かれていく。霊感商法は、地上にある財産を教祖の元へ返すことが使命だと信じ込んだ信者によって、より多くのお金を出させれば、出した相手が地獄から救われるという信念の下に行われてきた。詐欺罪に問うには〝騙《だま》そうという犯意〟が必要だが、霊感商法は〝救おうという善意〟に基づいている。実に巧妙なのだ。

統一教会の組織的で系統だったマインドコントロールに比べれば、オウムのそれは稚拙とさえ思える。

私は本当のマインドコントロールの恐ろしさを、一九九二（平成四）年から翌年にかけての統一教会批判キャンペーンで学んでいた。

§

地下鉄サリン事件が起きた一九九五年。思えば、この年に日本は一変した。

政界で官界で財界で、医学界でスポーツ界で、さまざまな改革や変革の嵐が吹き荒れる。そして普通の人たちが、普通に暮らしていたこの社会で、想像を絶する凶行に見舞われたのだ。

幕開けは九五年一月十七日、午前五時四十六分。神戸とその周辺地域を襲った阪神淡路大震災だった。

国内観測史上初の震度七。大都市のど真ん中で発生した巨大地震による死者は、六千四百二人を数える。ビルの倒壊などによる「窒息・圧死」が三千九百七十九人、「ショック死」が四百二十五人。長田地区を中心に発生した、大規模な火災による「焼死」者は、四百三人と発表された。

エキゾチックな美観を誇った港町・神戸は、一瞬にして瓦礫の山と化す。その揺れの凄まじさを、西宮市に住む作家、藤本義一さん（故人）が語った（『週刊文春』二月二日号）。西宮市は、神戸市東灘区に次いで多くの死者を出している。

〈震度六――〝烈震〟というのはなんて表現したらええんやろ、内臓にズドンとくる衝撃とでも言うべきかな。ともかく想像以上のものとしか言いようがない。〉

〈二階で寝てたんやけど、その瞬間のことは、スローモーションのように克明に覚えている。三十センチくらいの上下動が一回、そして凄まじい横揺れ。

二十秒くらいか、部屋が崩れていくのがはっきり見えた。壺や画集が右から左へ飛んでいく。不思議なものやな、大きいものほど大きく動く。小さいものは小さく。〉

〈ともかく起き上がってみたら、部屋は本の大洪水。階下に降りたら、グランドピアノが一メートル近くずれていた。

しばし呆然と立ち尽くしててな、何度も呟いたわ。

「冗談やないよ、おい。あほか。何や、これ……」

そしたら、今度は余震や。

「ほっとけ。冗談すんなよ。お前、なめとんのか」ちゅう気分やった。実際、冗談やあらへん。近くの先輩も知り合いも亡くなられたし。長年住んで愛着ある町が無残なものや。

あまりに非常識やと思った。〉

同じ西宮市在住の作家、黒岩重吾さん（故人）も談話を寄せている。

〈私は、主に古代の小説を書いてるけど、古代人は自然を神として崇めていた。巨大な柱などを造り、絶えずそれに祈るんです。今回の地震で、私は自然の恐ろしさ、自然が牙を剝いたときの恐怖をつくづく感じましたね。〉

〈現代に生きる我々は、文明の進みばかりを気にかけて、自然に対する畏敬の念を忘れていたんじゃないでしょうか。驕《おご》りがあったと思う。

私自身もそうだった。車社会にどっぷりつかり、どこに行くにも車がないと不便だと感じていた。身内や家を失った被災者の方は、地獄の苦しみだと思います。なんとか家に住めている者が言うことにかなり抵抗があるが、誤解を恐れずに言えば、今回の地震は、日本という国全体が、その豊満さを考え直すいい機会になったんじゃないかと思う。そうでなければあまりにも悲しすぎる。〉

この大地震で村山富市内閣は一気に信頼を失い、「死に体」となってしまう。初動対応に致命的な遅れがあったからだ。当時の危機管理体制は未整備で、官邸にも、災害対策を所管する国土庁にも、担当の当直さえ置かれていなかった。

「初動の発動がね、遅れたということについてはね、これはもう弁明のしようがないですね。ええ、本当に申し訳ない」

村山総理は平身低頭したものの、「なにぶんにも初めてのことですので」との失言が、火に油を注いだ。

内閣支持率は急落し、紆余曲折を経て、翌九六年一月五日、村山総理は突然、退陣を表明する。九四年六月に、自民・社会・さきがけの三党連立で発足した〝社会党内閣〟は、わずか一年半で幕を閉じたのだ。

神戸の街のビル群のように、あっけなく倒壊した村山政権も、今に引き継がれる「遺産」を残している。九五年八月十五日に発表した、「戦後50周年の終戦記念日にあたって」と題する、いわゆる「村山談話」だ。

注目を集めたのは、「植民地支配と侵略」について公式に謝罪した、次の一節だ。

〈わが国は、遠くない過去の一時期、国策を誤り、戦争への道を歩んで国民を存亡の危機に陥れ、植民地支配と侵略によって、多くの国々、とりわけアジア諸国の人々に対して多大の損害と苦痛を与えました。私は、未来に誤ち無からしめんとするが故に、疑うべくもないこの歴史の事実を謙虚に受け止め、ここにあらためて痛切な反省の意を表し、心からのお詫びの気持ちを表明いたします。〉

「誇るべき遺産」なのか「負の遺産」なのかは議論の分かれるところだが、閣議決定を経て発表された「村山談話」は、日本政府の公式見解として扱われることになる。実際、村山政権のあとを承けた歴代の自民党内閣も、歴史認識についてはこの談話を踏襲すると明言した。右旋回しがちな安倍晋三総理も同様だ。

一方で、閣僚の靖国参拝や従軍慰安婦問題など、歴史認識をめぐる騒動は後を絶たない。そのたびに、中国、韓国両政府が「村山談話」を楯に、日本政府に理不尽とも思える批判や要求を突きつけてきたのも事実だ。

九五年に出された「村山談話」という宿題への答えは、今も見つかっていない。

「官の中の官」。大蔵官僚の腐敗が初めて白日の下に晒されたのも、九五年のことだった。

主役は、リゾート開発会社イ・アイ・イ・グループ代表の高橋治則氏。「バブルの寵児」「環太平洋のリゾート王」と呼ばれた高橋代表は、リゾート開発地を求めて、自家用ジェット機で世界各地を飛び回る。その専用ジェット機で、超豪華な香港旅行を楽しんだのが、大蔵省のエリート官僚、田谷廣明氏だった。

この一件は、『週刊文春』（三月十六日号＝九日発売）のスクープ「高橋治則と豪華香港旅行をした大蔵官僚の名」で明るみに出た。記事によれば二人は、高橋代表の経営するゴルフ場で頻繁にプレイする仲。一九九二（平成四）年の夏、高橋代表の会社が所有する専用ジェット機で、一緒に香港を旅したという。同年七月、田谷氏は大蔵省主計局総務課長という要職に就いていた。

〈一般の人間からすると、どんな交際をしたら、こんな大名旅行にありつけるのか、想像もできない。〉（『週刊文春』）

三月十三日、豪華旅行を認めた田谷氏は、東京税関長のポストを失い、のちに辞職する。やはり高橋氏から、料亭などで過剰接待を受けていた中島義雄主計局次長も、財政金融研究所長を最後に退官している。

ところが、それは氷山の一角にすぎず、さらなる病理が潜んでいたことが、三年後の九八年一月に発覚する。

「大蔵省接待汚職事件」、別名「ノーパンしゃぶしゃぶ事件」――。

第一勧銀の総会屋に対する利益供与の捜査が進むにつれ、なんとも醜悪な、破廉恥きわまりない接待汚職が浮上したのだ。接待に励んだのは、銀行や証券など金融機関の幹部クラス。彼らは「ＭＯＦ担」と呼ばれ、「勉強会」や「意見交換会」などの名目で、ほぼ毎晩のように、大蔵官僚を高級料亭やクラブに誘い出した。接待の見返りには、大手銀行への検査に手心を加えてもらうなど、さまざまな便宜供与があったという。

そんな行き過ぎた接待の象徴が、「ノーパンしゃぶしゃぶ」店だった。ミニスカートにノーパンの若い女性が、テーブルの上に乗って接客する。かくも低劣な接待に、大蔵エリートが嬉々として応じたというのだから、開いた口が塞がらない。

接待汚職は果て知れぬ広がりを見せ、東京地検特捜部は、官僚七人を逮捕。うち四人が大蔵官僚で、大蔵省出身者が二人、もう一人は日本銀行の証券課長だった。大蔵省も内部調査の結果を明らかにし、杉井孝銀行局審議官を停職、「接待王」と呼ばれた長野彪士証券局長を減給とするなど、計百十二人を処分した。三塚博蔵相、小村武事務次官が引責辞任したのは言うまでもない。

田谷氏がポストを追われて一週間たった三月二十日、地下鉄サリン事件が炸裂する。

この無差別テロが霞ケ関を標的にしたのは、単なる偶然だろうか。

同じころ、雑誌記事のタイトルに、「恐慌」「不況」「沈没」などの文字がしきりに躍るようになる。

私が所属していた、月刊誌『文藝春秋』の目次から拾う。

「平成金融恐慌の襲来　金融マン特別座談会」（九五年三月号）

「平成恐慌は来るか　城山三郎・中村隆英」（五月号）

「三月決算が恐慌の引き金だ　財部誠一」（五月号）

「大手証券が倒産する日　高宮弘司」（五月号）

オウム記事一色だった『週刊文春』にも、平成恐慌の到来を予見する記事が目に付くようになった。

「こんな日本に誰がした　平成不況のA級戦犯」（七月二十七日号）

「日本沈没　ついに来た平成金融大パニック　水木楊」（八月十七・二十四日号）

雑誌の目次は、時代の空気を敏感に映す。

被害総額九兆九千二百六十八億円と試算された大震災。人類に先例がない無差別大量殺人がもたらした社会不安。社会党政権への失望。目をそむけたくなるほどの官僚腐敗。

一九九五年の日本は揺さぶられ、怯《おび》え、失望して、明らかに平常心を失っていた。

経済大国ニッポンは、やがて未曽有の金融恐慌に見舞われる。九七年の山一證券破綻、北海道拓殖銀行破綻に始まる「大不況」に向かって、坂道を転げ落ちていくのだ。

しかし混迷の時代には、決まって変革者が現れる。九五年の日本にも、二人の誇るべき日本人が登場した。

がん治療の常識をことごとく覆し、医学界の権威からの圧力にも、ひるむことなく立ち向かった近藤誠医師。

旧態依然とした日本のプロ野球と訣別し、あらゆる非難を乗り越えて海を渡った、メジャーリーガー野茂英雄投手。

私は幸運にも、時代を動かした二人の変革者と接点を持つことができた。

第2章 「がん治療革命」の先導者

闘う医師・近藤誠

「これは連載にしよう」

原稿を読み終えるなり、中井勝編集長は言った。

「近藤さんとは、三回連載の予定で話を進めていますが……」

私がそう答えると、中井さんは続けた。

「三回じゃなくて、もっと長い連載にしてもらおう。この人は、闘っている。あらゆる権威と闘っている。こういう人の熱意が、読者に伝わらないはずがない」

慧眼《けいがん》と言うしかない。思えば、この決断が契機となり、日本のがん治療の常識は根底から覆されることになったのだから。

私はすぐに慶応病院に向かい、近藤誠さんに長期連載を打診した。

「わかった。とても嬉しいよ。何回できるか、さっそく考えてみる。文藝春秋に長期連載する以上、ぼくも覚悟してかかるから」

近藤さんの決断も早い。一週間もたたないうちに、「十回分のテーマを考えた。見てくれないか」と電話が入った。

ＪＲ信濃町駅前の交差点を渡り、慶応病院の中央棟を通り抜け、さらに裏手へ進むと、古ぼけたボロボロの別棟があった。そこに、近藤さんが一人で使っていた部屋がある。医学部の教授や助教授になれば、広々とした豪華な個室が与えられる。近藤さんにあてがわれていた、敷地の隅の粗末な部屋は、いつまでも講師のままで、学部内から異端児扱いされている立場を象徴しているかのようだった。

すでに近藤さんは、日本の医学界に君臨する権威や、間違いだらけのがん治療に対して、強い信念と覚悟、圧倒的な勉強量に裏打ちされた知識と論理で挑んでいた。

慶応大学医学部五年生のとき、学年トップの成績を挙げ、全学合同の卒業式で、在校生代表として送辞を読んでいる。臨床系のドクターとなった同期の中でも、もっとも早く講師に昇進。教授就任も一番早いと目されていた逸材だ。それが講師のまま定年を迎えることになるのは、容赦のない医療批判の矛先に、自ら籍を置く慶応大学医学部まで含まれていたからだろう。

しかし、患者たちの支持は圧倒的だった。

原稿の受け取りや打ち合わせのために、その後、近藤さんの〃研究室〃に何回も足を運ぶことになるが、部屋に近づくにつれ、中から大音量のオペラが聴こえてくる。CDプレイヤーからオペラが鳴り響いているのは、木曜日が多かったと記憶している。

前日の水曜日は、近藤さんの、週に一度の外来診療日だ。朝九時から始まる放射線外来は、四時になっても五時を過ぎても終わらない。近藤さんの診察を受けたい患者が、診療日を目がけて全国から殺到するから、夜七時や八時まで続くこともあったという。木曜日に聴くオペラは、患者さんへの丁寧な対応で疲労困憊した精神を解放し、バランスを保つためだったに違いない。近藤さんは終始一貫、「単なる趣味だよ」と受け流していたが。

一九九五（平成七）年当時、私は月刊『文藝春秋』のデスクのひとり。近藤さんの連載は、同年二月号（一月発売）から、翌年の一月号（前年十二月発売）まで続くことになる。

連載開始と同時に、近藤レポートは大反響を呼ぶのだが、それは後述する。

この連載の七年前、一九八八（昭和六十三）年六月号に近藤さんは、最初の問題論文を寄稿している。担当は、当時編集部にいた羽田昭彦君だった。

乳がんの乳房温存療法を世に知らしめた論文のタイトルは、「乳ガンは切らずに治る――治癒率は同じなのに、勝手に乳房を切り取るのは、外科医の犯罪行為ではないか」。

この記事は、多くの乳がん患者を切除（ハルステッド）手術から救う契機となるが、外科医からの反発は凄まじかった。

乳房温存療法は、近藤さんが一年間のアメリカ留学で得た成果の一つだ。

昭和二十年代はアメリカでもハルステッド手術が七〇％以上だったが、一九八一（昭和五十六）年にはわずか三％に減っていた。ところが日本では、一九八五（昭和六十）年になってもハルステッドが六七％を占めていた。

乳房を全部切除するハルステッド手術は、女性に大きな肉体的かつ精神的ダメージを与える。付随する筋肉まで取ってしまうから、術後は腕を上げるだけでも大変だ。乳がん患者の三分の二は、おそらく乳房を残す治療法があることを知らされないまま、外科手術を受けていたのだろう。

論文を書く直接のきっかけは、一九八三（昭和五十八）年春、近藤さんの姉が乳がんになったことだ。ほかの病院でハルステッド手術を受けることになった、と相談された近藤さんは、拡大手術でも縮小手術でも生存率は変わらないことを説明。お姉さんは勧めに従って温存療法に切り替えた。そのとき四十二歳でステージ1だったお姉さんは、今も元気だ。

それから四年後の一九八七（昭和六十二）年、決定的な事件が起きる。

三十代の乳がん患者Sさんは、新聞の記事で温存療法を知った。慶応病院を訪れ、外来受付で「近藤先生に診てもらいたい」と申し込むが、なぜか外科に回され、そのまま入院して切除手術を受けることになってしまう。

入院後も、「近藤先生はどうしました？」「温存療法は？」と聞いたが、答えはない。Sさんは「近藤先生が温存療法はできないと判断したから、乳房切除になったんだ」と思い込んでしまう。

ところがこの時点で、放射線科の近藤さんには、なんの連絡も来ていなかったのだ。手術直前にようやく発覚し、Sさんを慶応の外科病棟から救い出して、ほかの病院で温存療法を受けてもらうことはできた。

しかし、近藤さんの怒りは収まらない。

〈これが、僕の愛する慶応義塾のやることなのか！　患者の望まない手術をするなど、もはや犯罪行為ではないか！（中略）

この事件をきっかけに、僕は考え方を大きく変えました。〉（「僕はなぜ『がん専門医』になったのか」＝『文藝春秋』二〇一四年一月臨時増刊号）

学会で発表したり、論文を書いたりするだけではだめだ。外科医相手にどんなに訴えても、埒《らち》が明かない。「世の中の女性たちに直接知ってもらうしかない」と考えた近藤さんは、女性週刊誌や月刊誌の編集部の住所を調べて資料を送る。しかし、たとえ記事になっても、「奇跡の治療法」程度のオカルト扱いがせいぜいだった。

『文藝春秋』が原稿を依頼したのは、そんなタイミングだ。これまでのすべての著作の中でもっとも悩んだのは、この論文を書くかどうかだった、と近藤さんは振り返る。

〈こころは千々に乱れました。影響力の大きな「文藝春秋」に載れば、温存療法が一気に認知されるでしょうから、好機到来には違いないのですが、その一方、同僚批判禁止のタブーを破るものとして、医師仲間からつまはじきにされるだろうことも目に見えていたからです。文藝春秋の申し出をうけるか否かは、出世コースをステップアウトして患者や社会のがわに立つか、医師のがわに立つかの踏み絵を迫るものだったのです。〉(『患者よ、がんと闘うな』あとがき)

しかも当時、慶応病院の外科では温存療法をやっていなかったから、論文の中で「慶応の外科にも行ってはいけない」と書かなければ、誤魔化しになってしまう。しかしそう書けば、自分の立場はどうなるか。

〈外科は猛反発し、僕は病院内で村八分にされて孤立するだろう。ほかの診療科から紹介されてくる外来患者も、ゼロになるだろう。今後の出世は絶たれて講師のまま据え置かれるだけでなく、慶応にいられなくなるかもしれない。そうした絶対的な孤独に、僕は耐えられるだろうか。〉(「僕はなぜ『がん専門医』になったのか」)

記事のサブタイトル「勝手に乳房を切り取るのは、外科医の犯罪行為ではないか」と共に、次の一節が刺激的だった。

〈日本では慶大・東大をはじめ、どこの大学病院の外科でも、乳房を切ってしまうのです。（中略）乳房の保存の率が九割に達する私達の療法は、日本では圧倒的少数派です。〉

そのときを振り返って、近藤さんはこう書いている。

〈雑誌発売当日の朝八時、放射線科の上司が飛んできて、僕に告げました。「外科のA教授が怒っている。『犯罪行為とはなんだ。謝罪を要求する』と言っている。一筆書け」

A教授というのは慶応における乳がん治療の権威であるばかりか、当時の日本外科学会会長で、乳癌研究会（現・日本乳癌学会）の理事でした。しかし、戦争は始まってしまったのです。しかも相手は慶応の外科だけでなく、日本中の乳がんの外科医です。僕は言い返しました。「載ってしまったものは、しょうがないじゃないですか。一筆書くとすれば、『やはり犯罪行為と思っている』としますよ」〉

学内での立場は、予想通りになる。想定外だったのは、慶応病院の放射線科に、乳がんの新患が殺到したことだ。この年以来、近藤さんの外来を訪れて温存療法を選択した乳がん患者は、延べ三千人。この時期、日本の乳がん患者の一％を、一人で診察した計算になる。

今では、温存療法を選ぶ乳がん患者は、全国で六割を超えた。近藤さんの大きな功績の一つと言っていいだろう。

ほとんど書かれていないが、近藤さんの臨床医としての能力は群を抜いている。

私はこれまで、他の病院でがんと診断されたり、検診で疑いがあるとされた十人以上の知人、友人を紹介し、診断をお願いしてきた。正確無比。とくに乳がんのケースなら、一分足らずの「触診」だけで、がんであるかないかを見極める。一度としてミス・ジャッジはなかった。

がんでなければ、「忘れなさい。普段の生活に戻ればいい」と話す。がんとわかれば、治療の選択肢をいくつか提示し、それぞれのメリット、デメリットを丁寧に説明したうえで、本人の意思を尊重する。

「触診だけでわかるんですね」と驚く私に、ニコリともせず、近藤さんは言う。

「それでわからないなら、乳がんを診《み》る資格はないよ」

触診では判断がつかず、やれエコーだマンモグラフィだと検査に追いたて、何カ月も受診者を不安に陥れる。それは医師の劣化であると同時に、検査漬け医療の弊害と言えるのかもしれない。

とくに印象に残るエピソードを記しておく。

十八年も前のことだが、社の大先輩であるNさんは、右上腕の皮膚がんと診断され、都内のT医科大病院に入院し、手術を受けた。血管から栄養を吸収して増殖するという厄介ながんで、何度も手術しては、そのたびに再発を繰り返した。

たしか三回目の手術の後、Nさんは右の脇の下のリンパ腺にしこりのようなものを見つける。すぐに医師に伝えたが、診たては「たび重なる手術のせいで、リンパ腺が腫れたんだと思いますよ」というもの。納得できないNさんから私に「近藤さんを紹介してほしい」と、セカンド・オピニオンの依頼があったのだ。

近藤さんは、脇の下を丁寧に触診したあと、言った。

「これは、がんの転移ですね」

Nさんの顔から血の気が引いていくのが、立ち合っていた私にはわかった。

「ほんと？　本当ですか？」

「間違いなく転移です」

Nさんは T 医科大学病院の個室に取って返し、担当医を呼ぶ。

「単なるリンパ腺の腫れじゃない。がんの転移だと言われたよ」

「誰にですか？　近藤さん？　ああ、慶応の。転移なんて、そんなはずはない。いいですよ、細胞診をやればはっきりする。すぐやりましょう」

その何日後だったか、Nさんの個室に、外科部長、担当医、看護師長、看護師二人が勢揃いして一斉に頭を下げ、部長が言った。

「申し訳ありません。たしかに、がんの転移でした。今日からこのスタッフで、一丸となって治療に当たります！」

Nさんはつとめて冷静に「もう結構です」と言い、近藤さんが当時信頼していた神奈川県内の病院に転院する。

それから約一年、Nさんは過度な治療は受けず、最期まで自由に病室から街に出ては、好物の寿司をつまみ、穏やかに人生を終えた。

近藤誠さんは昭和二十三年、東京生まれ。祖父も父も医者だった。中等部から慶応に通い、医学部では茶道部とボート部に所属する。意外な取り合わせだが、意味はあったようだ。

〈お茶から学んだのは、身体の動かし方や手の運び方は合理的であるほど美しく、しかも失敗しにくい、ということ。医者になって採血や点滴をするとき、大いに参考になりました。

ボート部では、いろいろな人生勉強をさせてもらいました。

ボートは後ろ向きに漕ぐので、ゴールが見えません。そのため、コックス（舵取り）が「イージー・オール（漕ぎ方やめ）」とかけ声をかけるまで、力を抜くことが許されません。自分をコントロールする強い精神力と、意志の力が必要です。「誰かの声がかかるまで、自分からやめてはいけないことがある」という教訓は、医者になってからがん専門医たちと論争をするとき、役に立ちました。〉（「僕はなぜ『がん専門医』になったのか」）

放射線科を選んだのは、本人の弁によれば、「外科医や内科医は忙しそう。放射線科なら少しは楽だと思ってさ」。

一九七九（昭和五十四）年から一年間、アメリカのニューメキシコ州にある放射線治療の研究施設へ留学したことが、大きな転機となる。一歩も二歩も進んでいたアメリカのがん治療から、多くを学んだからだ。

逸見政孝さんの手術に異議あり

『文藝春秋』に初めて掲載された「乳ガンは切らずに治る」は、話題にこそなったが、まだ乳がんという限定された範囲での議論だ。近藤誠医師の存在や発言が広く世の中に知られたのは、逸見政孝さんのがん手術をめぐる論争だった。

フジテレビの局アナとして人気が出て、フリーになってからは『クイズ世界はＳＨＯＷ ｂｙショーバイ!!』『夜も一生けんめい。』『たけし・逸見の平成教育委員会』などの番組で司会を務める。逸見さんは、好感度ナンバーワンのアナウンサーだった。

記者会見を開き、がんを告白したのは一九九三（平成五）年九月六日のことだ。

「私がいま侵されている病気の名前、病名はがんです」

このとき四十八歳だった逸見さんは、会見の最後に、

「闘いに行ってきます。いい形で、生還しましたと言えればいいなと思っています」

と声を振り絞った。この勇気ある会見はテレビ各局で生中継され、見る者を感動させた。以後、逸見さんの病状が細かく報じられることになる。

実は会見した時点で逸見さんは、すでに二度の手術を受けていた。整理すると、こういう経緯だ。

一九九三（平成五）年

一月十八日　東京・港区の前田外科で年に一度の内視鏡検査を受け、直径二センチの胃がんが見つかる。

二月四日　前田外科で手術。胃の三分の二を切除。悪質で進行の早いスキルスがんで、すでに二ミリ大の腹膜播種（転移のこと）が見られた。

八月十二日　前田外科で二度目の手術。さらに進行し、がん性腹膜炎の状態だった。
九月三日　東京女子医大の消化器外科を訪れ、羽生富士夫教授の診察を受ける。胃がんが腹膜播種の形で再発していると判明。
九月六日　がん公表会見。翌日から入院。
九月十六日　羽生教授の執刀で、十三時間に及ぶ大手術。切除された臓器は、残胃のすべて、膵臓の尾部半分と脾臓、上行結腸、横行結腸、下行結腸、回腸の一部、空腸の腹膜癒着の一部と腹壁。腹膜にあった播種病巣も、二十一カ所切除。切り取られた臓器は、合計三キログラムに及んだ。
十月二十三日　ある程度の回復が見られ、一時帰宅予定だったこの日の朝、突然の腹痛。腸閉塞とわかる。
十二月二十一日　容態が急変。
十二月二十五日　死去。

·

生還も退院も、何より望んでいた仕事への復帰も叶わなかった。しかし、がんと闘い抜いた逸見さんの壮絶な最期に、日本中が涙する。「神の手」と称された羽生教授の手術でも救えなかったのだから仕方がないと、誰もが受け止めた。

そこへ「これを美談にしてはいけない」と声を挙げたのが近藤さんだ。

「治る見込みは初めからなかった。手術などせず、うまく体調を整えながら過ごせば、あと一年はアナウンサーを続けられたはずだ。最初から手術すべきではなかった。羽生教授の手術は、特に無謀だ」

というのが、その主張だった。

〈がん検診と早期発見をありがたがり、不要な手術がはびこり、抗がん剤を使うことでかえって寿命を縮める現状に、僕は我慢がなりません。有名人のがん闘病が美談として語られると、口をはさまずにいられなくなります。

乳がんで亡くなったジャーナリストの千葉敦子さん、スキルス胃がんの逸見政孝さん、肺がんの梨元勝さん、食道がんの中村勘三郎さん、膵《すい》がんのスティーブ・ジョブズさん――報道を見る限り、どう考えても治療が間違っています。あんな治療をした医師を名医みたいに世間が勘違いするのは、とても許せない。僕には向こう見ずというか、ある意味、傍若無人なところがあるようです。

「カルテも見ていないのに発言するのは、無責任だ」という批判もありました。しかし、それは逆でしょう。言わなくてすむことをわざわざ言えば、その責任はすべて自分が引き受けるしかないんですよ。〉（「僕はなぜ『がん専門医』になったのか」）

これが、近藤さんの一貫した姿勢だ。

そのころの私は、『週刊文春』デスクから、月刊誌『マルコポーロ』のデスクに異動したばかり。創刊してまだ三年のビジュアル誌だ。

逸見さんが羽生教授の手術を受け、三カ月後に亡くなる少し前のこと。私は旧知の富家孝医師と中原英臣医師から、「慶応の近藤先生が、あの手術はおかしいと言っている」と聞き、さっそく、現役医師三人による座談会を企画した。一九九四（平成六）年一月発売号の「すべてのガンは告知せよ！」だ。近藤さんと初めて会ったのはこの時だった。逸見さんがまだ存命中のこの時点で、早くも近藤さんは、計三回の手術に疑問を呈している。

〈逸見さんの場合はたぶん手術すべきじゃなかったと思うんですね。病名を知らせたまではいいけど、ガン性腹膜播種で治るということはまず考えられない。そこまできちんと言えば、彼も手術は受けなかったんじゃないでしょうか。〉

〈患者さんは病名をガンだと知らされると、すべて知らされたように勘違いしちゃうんですね。しかし、ほんとうの問題は病名を知ることではなくて、今後の治療とか生き方とか、その人の生活の質（クオリティ・オブ・ライフ）とかなんですよ。

その意味でぼくは本来の告知、告知ということばは好きじゃないんですけど、逸見さんの場合はそれがなかったんじゃないかと……。〉

がんの告知は受けたとしても、病状と見通しの正確な説明はなかったのではないか。正確な病状を知れば、無謀な手術を受けるという判断はしなかったはず、と主張したのだ。

医療に無関係な一般人が、がんの治療や手術のあり方、医師の権威にまで関心をもって議論に耳を傾けたのは、このときが初めてだったかもしれない。

当初は、一回目と二回目の手術を行った前田外科に問題があったのでは、という論調が多かった。ここで完璧な手術をしていれば、再発や再手術を防げたのではないかとの疑問だ。

近藤さんの意見は違う。『マルコポーロ』三月発売号で、「『逸見論争』に断を下す！」と題してさらなる議論を展開するが、その舌鋒は鋭かった。

転移したがんを、手術ですべて取り切ることはできない。目に見える転移があるということは、まだ見えないために取り切れないがんも潜んでいることを意味するからだ。加えて、手術による傷痕が、がん細胞に増殖しやすい場所を与えてしまう。それらのがんが、手術後に増大することはわかりきっている。

二月の最初の手術で開腹したとき、スキルスがんで腹膜転移が認められたのなら、もはや切除も完治も望めない。したがって、その時点で「前田外科は、もっと大きく切るべきだった」という議論はまったく逆で、胃を三分の二も切り取る必要はなく、そのまま閉じてしまうべきだった、というのだ。

それよりも、「神の手」羽生教授による三度目の手術について議論すべきだ、と近藤さんは強く主張している。

逸見さんはすでにがんの末期で、切っても切っても再発は必至。治る可能性はまったくない。外科医にとっては、患者が退院して記者会見でも開けば、手術は〝医学的には成功した〟と言えるのかもしれない。しかし、三キロもの内臓を取ってしまった患者に、その後どうやって生活しろというのか。

「神の手」を徹底批判

羽生教授は日本の外科の権威で、「神の手」と呼ばれる名医中の名医とされていた。その羽生教授を真っ向から批判する近藤さんのキャンペーン「『神の手』を告発する！」は、『マルコポーロ』から『週刊文春』に舞台を移し、三回にわたって掲載される。

〈羽生手術は、いわば死亡率二〇〇％の手術であった。仕事ができなくなる点で、社会的死亡率一〇〇％であり、絶対に死ぬという点で、肉体的死亡率一〇〇％の手術であった。

それなのに、あれだけの臓器を大量切除してしまった。それは、臓器に対する、ひいては人間の体に対する冒瀆ではないだろうか。日本の医学や手術は、ここまで堕ちてしまったのかという想いを深くする。

羽生手術には、科学性・合理性の片鱗すら認められない。その無謀さ、非常識さにおいて他に例をみないものである。〉（一九九四（平成六）年五月二十六日号）

相手がどれほどの権威であろうと、真っ向から一刀両断にしてしまう切れ味こそ、近藤さんの真骨頂だ。批判は、羽生教授ひとりに向けられたのではない。日本の外科医にはびこる「臓器大量切除主義」こそ、近藤さんの標的だった。

〈合理性のない臓器大量切除術が、日本の標準的手術になっているから、外科医たちは、羽生手術をとうてい非難できない。もし非難したら、その非難はそっくり自分たちに跳ね返ってくる。それで沈黙を守っているのだ。〉（同）

誰も口にできなかったことを遠慮も会釈もなしに言うから、医学界の猛反発を買う。けれども、まったく同じ理由で、患者や読者の圧倒的な支持を得たのである。

『週刊文春』の連載は、大きな話題を呼んだ。しかし逸見さんの夫人、晴恵さんにとっては、気持ちのいい内容ではなかったかもしれない。故人への治療や手術が非医学的で無謀だったという意見は、最期まで出来る限りの治療をしたと信じたい遺族の思いに、ときに冷水を浴びせるからだ。

それは、近藤さんがいつも気にかけていたことだった。

「手術はいけない、抗がん剤はだめだ、検診は無駄だと主張するたびに、すでに手術をしてしまった人や抗がん剤を打っている人を傷つけることになるだろうな。けれども、自分は医者で学者だから、感情を切り離して、言うべきことは言わなければならない。そのバランスをとるのは非常に難しいんだ」

逸見さんの追悼番組で、晴恵夫人と近藤さんが一緒になったことがある。惜別ムード一色の番組の中で、近藤さんはそれでも「無謀な手術だった」と持論を述べ、晴恵さんはそんな近藤さんを厳しい目で見つめていたと、番組を見た人から聞かされた。

「仕方がないなと思った。ぼくの真意を理解してもらうまでには、時間がかかるだろうなと」

そんな晴恵夫人も、夫の手術に次第に疑問を感じるようになっていく。当初はひたすら前田外科への不信だったが、そこに羽生手術への疑問が加わる。

三年後に、近藤さんとの対談を実現させたのは、『女性セブン』一九九七（平成九）年一月二・九合併号。「夫の命を縮めた手術の意味が知りたい！」と題する対談は、晴恵夫人からの希望だったという。

〈近藤　おそらく、最初の手術をせずに体をいじらないでいたら、もっと長生きできたのではないかと思います。

逸見　何もしないでいたら逆に、あと一年か二年、元気に仕事ができたかもしれないわけですね。それはやはり悔しいです。（中略）〉

羽生手術については、

〈近藤　あの状態では病巣が取りきれることはあり得ないし、三キログラムも臓器を取ったら、かえって体が弱ってしまうということは目に見えています。治る可能性は一％もなかった。それなのに、なぜあんな無謀な手術を行ったのか、ぼくには理解できません。

逸見　後になって医師の間から、手術はすべきでなかったという議論がおこり、大手術の末、あんな大変な死に方をすることはなかったと私たちも知りました。

おへそを取って、左足の皮膚をお腹に移植して、さらに取られた左足のケロイド部分に右足の皮膚を移植していますから、その痛みは相当なものだったようです。

〝こんな痛い思いをしたことはない〟と言っていましたが、どんなに痛くても寝たきりで動けないので七転八倒もできない。床ずれもできる。痛みと気分の悪さで、最期は言葉も出ないくらい苦しんでいましたから、別の選択もあることを知っていたら、と非常に残念です。〉

対談に入る前、近藤さんは「心を傷つけたことをお詫びします」と、晴恵夫人に頭を下げたという。夫人は二〇一〇（平成二十二）年、肺胞蛋白症のため逝去する。

私は『マルコポーロ』に一年いただけで、月刊『文藝春秋』に異動となる。そこで近藤さんに、「がんの治療について、根本的なところから考えてみませんか」と提案。「抗がん剤、手術、検診という三つのテーマで、三回の連載をお願いします」と頼むと、即座に「やりましょう」という答えが返ってきた。

やがて、第一回「抗がん剤は効かない」の原稿が上がってくる。冒頭に、乳がんで亡くなったジャーナリスト千葉敦子さんの闘病が検証されていた。千葉さんは四十一歳のとき乳がんの手術を受け、三度の再発を経て、一九八七（昭和六十二）年に四十六歳で亡くなった。死の直前まで書き続けた闘病記には、抗がん剤の副作用がどんなにつらいかが克明に記されている。

千葉さんの症例から始まる近藤さんの原稿は、非常に高度な内容で、『ランセット』など欧米の医学雑誌から論文や資料、データを引用しつつ、多くのがんに抗がん剤が無効であることと、副作用がかえって命を縮める矛盾を説いている。

読み通した私の第一印象は、「この原稿は、とてつもなく頭のいい人にしか書けないな」というものだった。難しい内容を誰にでもわかる平易な言葉で、しかも専門家から突っ込まれないよう極めて論理的に書いている。並大抵の頭脳と筆力でできる仕事ではない。

私は編集長の中井さんに、「読んでください」と原稿を渡し、中井さんは三十分くらいかけて読み込み、この章の冒頭のやりとりとなったのだ。

連載十回の骨子は、ほぼ次の四点に集約される。

①手術はほとんど役に立たない。

目に見えないがんは取り切れないし、がんを周囲に拡散させて、傷痕から細胞へ入り込みやすくしてしまう。術後の合併症や後遺症に苦しむ可能性も高い。ＱＯＬ（クオリティ・オブ・ライフ）を低下させるから、手術は最低限に留めるべきだ。

②抗がん剤が効くがんは、全体の一割にすぎない。

血液やリンパのがんには効くが、日本人に多い胃がんや大腸がんなどの固形がんにはまったく無意味。その強烈な副作用がかえって命を縮めてしまう。

③がん検診は、百害あって一利なし。

ＣＴなどの被ばくによって発がんの恐れさえある。

④固形がんには、本物のがんと「がんもどき」の二種類がある。

本物のがんは、見つけたとき小さくても、すでに転移している。したがって③とも関連するが、早期発見する意味も、治療する意味もない。「がんもどき」は転移しないから、生命に危険を及ぼさない。したがって、こちらも治療する意味はない。

ここから、「がん放置療法」という究極の理論が形成されていくのだが、それは後述する。

手術は無意味、抗がん剤は効かないなど、今では当然のように受け止められているが、じつは近藤さんがほとんど独りで切り開いてきた道だ。がん検診による早期発見と早期治療こそ命を救う唯一の方法だという常識にも、繰り返し異を唱えている。セカンドオピニオンの必要性も、早くから提唱してきた。

十回の連載は、一九九五（平成七）年の文藝春秋読者賞を受賞する。一年間でもっとも印象に残った記事を、読者の投票で決めるこの賞で、近藤さんの連載は全投票数の二割を集める圧勝ぶりだった。

連載時の通しタイトルは「あなたがガンになったとき　ガン治療最前線」だったが、一九九六（平成八）年三月、単行本にする際の「患者よ、がんと闘うな」は、私がどうしても付けたかった書名だ。がん告白会見で「闘いに行ってきます」と言った逸見さんの言葉が、強く印象に残っていたこと。近藤さんが常々「病気へのチャレンジをもてはやしてはいけない」と言っていること。その二点から、連載の最終回に「患者よ、がんと闘うな」という、ずっと考えていたタイトルを付け、そのまま本の題名とした。

この本は、専門用語の多い歯ごたえのある内容にもかかわらず、五十万部を超えるベストセラーとなる。

論争から逃げる医師たち

読者からの反響は、凄まじいの一語に尽きた。とくに単行本が出てからは、問い合わせや相談の電話が鳴りやまない。私は社にいる限り、すべての電話に応対したが、深刻なのは、こういう訴えが多いことだった。

「私は何時間もかかる手術をした。あらゆる抗がん剤も試した。もう出来ることはない、と医者に言われた。どうしたら近藤さんに診てもらえるだろうか」

カルテの中身をいきなり電話口で読み上げて意見を求める人、カルテを送るから近藤さんに診てほしいと懇願する人、ひたすら抗がん剤の副作用の苦しみをぶちまける人、信じていた医者に見捨てられたと怒り嘆く人……悲鳴のような声の一つ一つに、この国のがん治療の歪みが凝縮されているような気がした。

慶応病院にも同様の電話が殺到しているようで、近藤さんの指示はこうだった。

「電話やカルテだけでは、診断のしようがない。そんな無責任なことはできないよ。とにかく、水曜日のぼくの初診外来に来てください、と伝えてほしい。何時間も待たせるかもしれないが、来てくれれば必ず診ます、と。遠くから来る人には本当に申し訳ないけど」

以来、毎週水曜の近藤外来に長い列ができたことは、すでに述べた。

一方、医学界の権威たちは、揃って黙殺を決め込んだ。近藤さんの主張は正しいのか、批判されたがん専門医たちはどう受け止めているのか。誰もが知りたい疑問に、まともに答えようとしない。

それでも他社発行の雑誌には、専門家による近藤批判の原稿やコメントが載るようにはなった。

「がんもどきは、おでんの中にしかない」と揶揄する外科医も現れた。

よし、真正面から論争を挑もう。近藤さんも望むところだ——。

ところが対談を打診すると、一様に答えは「ノー」。その理由を、近藤さん自身が書いている。

〈読者がつねづね抱いているであろう疑問にこたえておきましょう。近藤のいうことに対して他の専門家たちはどう考えているのか、反論はないのか、という疑問です。現に、私と他の専門家との対談を是非実現させてほしい、というお手紙もいただきました。しかし、対談が実現しない理由があるのです。

じつはこれまで少なくとも三つの出版社が、東京大学、癌研病院などに属する、手術、抗がん剤、がん検診などの権威といわれる専門家たち十人以上に、私との対談企画を持ち込んでいます。ところが、「近藤と対談してもなんのプラスにもならない」「私の立場がなくなる」「私の学者生命を保証してくれますか」などの理由で、ことごとく断られたといいます。これまで誌上に対談相手として現れたのは、私の意見に好意的な人ばかりで、私が標的としている権威たちは、一人も土俵にあがってきませんでした。〉（『患者よ、がんと闘うな』あとがき）

私自身、十人近い医者や学者に対談を申し込んだが、軒並み断られている。いったんは承諾しておきながら、直前にキャンセルしてきた専門医もいる。自ら行っているがん手術や抗がん剤治療が正しいと信じるなら、堂々と主張し、近藤さんを論破すればいい。

なぜ論争に応じないのか？

「オフレコだけど」と、こう打ち明けた権威がいた。

「手術にしても抗がん剤にしても、近藤君の言っていることは、ほとんど正しいんだ。だけど、あの言い方がねえ。外科医はメスを持った殺人鬼と言われたんでは、とても議論する気になれないよ」

近藤さんがあえて反発を買う書き方をしたことが、議論を避ける言い訳に使われた。

「本当は、みんな腰が引けたんです。海外の最新の論文を原文で読み込んでいる近藤さんの勉強量を知り、言い負かされるのを恐れたんでしょう。あの人を論破できる医師なんて、どこを探してもいませんよ」

ある大学病院に勤務する、がん専門医の弁である。

定年まで慶応に勤めた理由

近藤さんの朝は、べら棒に早い。夜中の三時に起き、四時には、自宅から徒歩十分の慶応病院に出勤する。仕事前に手紙やメールの返事をし、院内が静かなうちに、論文を書いたり読んだりするためだ。

夜の会食は、いつも夕方の五時半スタート。酒は嫌いではないが、八時になると切り上げる。そして、九時には寝て、三時に起きる。そんな生活をほぼ三十年続けたという。

一人で飲むときは、そのころ住んでいた信濃町のマンションに近いトンカツ屋が多かった。カウンターで軽く酒を飲み、連れてきた愛犬にトンカツを一切れ与えて、家路につく。無類の犬好きで、ウェルシュ・コーギーを何代も続けて飼っていた（現在はボストン・テリア）。

そのコーギーが、がんになった。

「どうするんですか」

と私が尋ねると、

「もちろん、何もしないさ」

愛犬は安らかに息を引き取ったという。

つい最近、近藤さんがこう述懐するのを聞いて、私は思わず耳を疑った。

「実はあのころ、不眠症でよく眠れなかったんだ。神経がぴりぴり張り詰めていてね」

あのころとは、がんの手術や抗がん剤をめぐる論争を盛んに繰り広げていた時期のことだ。

「それまでは、夜九時に寝て朝五時に起きる。八時間は寝ていたのね。ところが、文春に初めて寄稿した八八年ころから不眠症になって、三時間から五時間しか眠れなくなった。

ぼくの論理に穴はないだろうか、矛盾はないだろうか、さらに補強するところはないだろうか。そう考え始めると、もう眠れないから、フラフラしながら慶応に行って文献を読み漁っていた。そんな状態が、論争が終わり、勝ったと思うまで、二十年ほど続いたんだよ」

私は二十五年ほど身近で接してきたが、「眠れない」「つらい」「苦しい」どころか、「疲れた」という言葉さえ一度も聞いたことはない。

研究、執筆、論争、そして診療……尋常な精神力ではとても耐えられそうもない二十年間を、この人は過ごしてきたのだ。

〈なぜ慶応を辞めなかったのか、と訊かれることがあります。一番大きな理由は、居続けて、言い続けることが大切だと思ったからです。乳房温存療法を広めるために「文藝春秋」に論文を書いて、そのあとパッといなくなったら何にもならないでしょう。居続けて、希望してやって来る患者に温存療法をして、その成績を積み重ねて発表していくことが大事だと思ったんです。

もうひとつ、肩書きの重さもあります。情報発信をするとき、一人の開業医であるよりは慶応の医師であるほうが、発信力が増すでしょう。

軋轢《あつれき》が大変だっただろうとも言われますが、台風の目の中にいるようなものでね（笑）。まわりが想像するほど、居心地は悪くなかったですよ。〉（「僕はなぜ『がん専門医』になったのか」）

そういえば、一度だけ私に言ったことがある。

「慶応病院というのは、懐が深いよ。ぼくがこれだけのことをやっているのに、クビにはしないんだから」

「たくさん患者が来るから、辞めさせられないんでしょう」

と私は答えたが、考えてみれば、近藤外来にいくら患者がやって来ても、手術は受けさせない、抗がん剤も処方しないでは、病院はたいして儲からない。それでも辞めさせなかった慶応は、やはり懐が深かったということなのか。いずれにせよ近藤さんは、いかなる軋轢にもめげず、揺らがず、自らの主張を貫き通した。

こんなエピソードもある。

「一般の企業と同じく、慶応病院にも検診があって、医師も職員も全員受けなさいというわけ。ずっと拒否し続けたのは、ぼくと一人の医局員、その二人だけだったんだ。ところが、結局は医局員も受けちゃって、残るはぼくだけ。検診は無用と説いてるぼくが受けたら、読者を裏切ることになるからね」

慶応病院の中にある売店では、近藤さんの本はよく売れるから、店頭に平積みにされていた。すると、病院宛てに投書があった。「どうして近藤医師の本をあんなに並べてあるのですか。慶応を批判しているのに、おかしいです」。女文字で入院患者を装っていたが、患者がそんな投書をするものだろうか。

近藤本の置き場所は、いったん店の奥へ移されたが、あまりにも売れるので、半年もすると、再び店頭に戻っていたという。

医師仲間の視線は冷ややかだったが、看護師からは信頼され、人望があった。毎日早朝から病院に来て勉強している姿も、外来での孤軍奮闘ぶりも間近に見ているから、看護師たちは近藤さんに優しかった。

資料などを届けるため、診療時間中に放射線科を訪ねたことが何回かある。受付で私が、患者ではなく出版社の人間とわかっても、看護師さんたちは嫌な顔ひとつしない。空き部屋を探して右往左往する近藤さんに、「先生、こっちよ、ここがあいてる」と案内してくれるベテランの看護師さんもいた。

ある日、近藤さんから「(文春に近い)ホテルニューオータニの焼き鳥屋にお昼を食べに行くから、ついでに原稿を持って行くよ」と連絡が入った。店まで取りに行くと、女性四、五人に囲まれている。全員、近藤ファンの看護師さんたちだった。

第二次近藤ブーム

　初めて明らかにするが、「近藤さんは筆を折るつもりなのか」と思ったことがある。二〇一〇（平成二十二）年十一月、近藤さんから私に、久しぶりに電話があった。がん治療をめぐる長い論争にほぼ終止符が打たれ、近藤さんが勝利を確信したころのことだ。

「十二月に、梧桐書院という小さな出版社から『あなたの癌は、がんもどき』という本を出すことになったんだ。担当者がずいぶん熱心な人で、ずっと前から頼まれていたんだけど、ようやく書けたわけ。

　おそらくこれが、ぼくの最後の本になると思うんで、ほんの数ページでいいから、『文藝春秋』で取り上げてもらえないだろうか。もちろん、ぼくが何か書いてもいい。あなたから編集部に繋いでくれないかな」

「最後の本になる」という言葉に引っ掛かったが、とにかく、その本を読んだ。

『患者よ、がんと闘うな』で提示したがん治療の問題点が、十五年という歳月を経て、さらにくっきりと浮き彫りにされていた。とくに「がんもどき理論」は発酵し熟成し、もはや仮説の域を超えている。

　編集部はすぐに対応してくれ、数ページどころか、十二月発売号の「抗がん剤は効かない」を皮切りに、立花隆さんとの対談を含めて四カ月連続の短期集中連載がスタートする。読者の反応も上々で、予想を上回る反響が寄せられた。『患者よ、がんと闘うな』から十五年、近藤理論を初めて知った読者もいただろう。家族や友人、知人ががんになり、初めて近藤理論に真剣に向き合った読者もいただろう。

何よりも、夢の新薬などと称する新しい抗がん剤が次々と登場し、そのたびに患者は翻弄され失望する——そんな時代背景も影響したに違いない。

再び「近藤誠ブーム」が到来した。

最後になるはずの本が火付け役となり、近藤さんの執筆意欲も再び燃え上がる。二〇一二（平成二十四）年四月、近藤理論の到達点とも言うべき本が出版された。『がん放置療法のすすめ　患者一五〇人の証言』である。

『患者よ、がんと闘うな』が「理論書」であるとすれば、『がん放置療法のすすめ』は「実証の書」である、と近藤さんは言う。

〈私はこれまで、がんを放置する患者を多数診てきました。八〇年代に著作活動を始めると、「治療を受けたくない」「がんを放置して様子を見たい」と言う人たちが訪ねてくるようになったからです。がんの種類は胃がん、肺がん、前立腺がん、乳がん等さまざまで、進行度も早期がん、進行がん、転移がんとまちまちでした。

診察の結果、治療を受ける必要がないと思われる場合には、その後の経過を定期的に診てきました。他方、苦痛等の症状があって、日常生活の質（ＱＯＬ）が低下している場合には、私のほうから治療を勧めます。こうして、私が定期的に診てきた（がん放置）患者は百五十人以上になります。〉

放置して経過を診ていくと、大きな変化がないケースもあれば、がんが増大して治療を始めるケースもある。一方で、がんが縮小し、消失してしまうケースもあった。長い時間をかけ、精緻に分析した結果、放置療法の対象となるがんを次のように明記している。

〈肺がん、胃がん、前立腺がん、乳がん等のいわゆる「固形がん」（腫瘤《しゅりゅう》をつくるがん）です。急性白血病や悪性リンパ腫のような血液系のがんは、抗がん剤で治る可能性があるので、本書の対象外です。また固形がんでも、抗がん剤で治る可能性がある、小児がん、子宮絨毛《じゅうもう》がん、睾丸《こうがん》腫瘍は対象外です。

固形がんでも、肝臓の初発がんは、がん放置療法の対象外です。肝臓がんは無症状である間に、命の危険が生じるまで増大する可能性が高いからです。ただし治療したほうがいいかどうかは、がんの大きさや肝機能等によるので、具体的状況によっては放置するのが適切な場合もあります。〉

放置療法は、到達点であると同時に出発点でもある。乳房温存療法のように爆発的に広がることはなくても、がんとの新しい付き合い方として注目されるときが必ずくるはずだ。

同年十二月に出た『医者に殺されない47の心得』は百二十万部を超えるベストセラーになった。より広い読者層を意識して、平易な文章で書かれたこの本の大ヒットが、第二次近藤ブームに拍車をかけたのは間違いない。

同年同月、第六十回菊池寛賞に選ばれる。授賞理由は「乳房温存療法のパイオニアとして、抗がん剤の毒性、拡大手術の危険性など、がん治療における先駆的な意見を、一般人にもわかりやすく発表し、啓蒙を続けてきた功績に対し」。

近藤さんは、受賞をことのほか喜んだ。

〈この受賞は、患者や社会のためにもっと頑張れという啓示とも感じられ、身が引き締まる思いでした。その後、セカンドオピニオンを希望する患者・家族が急増し、慶応大学病院の初診外来枠だけでは対応しきれなくなったので、急遽この四月に「近藤誠がん研究所・セカンドオピニオン外来」を立ち上げたところです。〉（『抗がん剤だけはやめなさい』文庫版まえがき）

「近藤誠がん研究所」を設立したのは、二〇一三（平成二十五）年四月のこと。同時に、完全予約制のセカンドオピニオン外来を開設する。今は落ち着いたものの、当初は予約の申し込みが引きも切らず、半年先まで埋まっていたそうだ。

二〇一四（平成二十六）年三月、近藤さんは慶応大学病院を定年退職する。退職を知らせる葉書には、「これからは念願の晴耕雨読の毎日です」と書き添えてあった。実際、「のんびりするよ。読みたい本もたくさんあるから」と、何年も前から口にしていた。

しかし、念願の晴耕雨読は、見果てぬ夢に終わりそうだ。同年四月に出た『これでもがん治療を続けますか』に、近藤さん自身がこう書いている。

〈実は私は、『患者よ、がんと闘うな』の出版直後から、定年を迎えたら引退して晴耕雨読をしようと考えていました。ところがセカンドオピニオン外来では、相談後に表情が一変して明るいお顔で帰られる患者・家族がほとんどで、見送る私も幸せです。それで引退を撤回し、外来をつづけることにしました。ただ今後、がん治療情勢の変化にあわせ正確かつ適切な意見を述べていくには、勉強をしつづける必要があります。――いつになったら医学以外の書物を心おきなく読

むことができるのか。そればかりが心残りです。〉

二〇一八（平成三十）年十月一日、京都大学の本庶佑《ほんじょたすく》特別教授がノーベル医学生理学賞に選ばれる。がん治療の新薬として知られる、「免疫チェックポイント阻害剤」ニボルマブ（商品名オプジーボ）の開発に貢献したという理由だ。

「夢の新薬」「奇跡の治療薬」などと、鳴り物入りで登場したオプジーボに、ノーベル賞が贈られる。藁にもすがる思いのがん患者たちには、何よりの朗報だったに違いない。

ところが、本来なら祝賀ムード一色となるはずなのに、あちこちから不協和音が聞こえ始める。受賞が決まった十月一日の記者会見で、本庶特別教授が、オプジーボを製造販売する小野薬品工業は「研究に貢献していない」と発言したのがきっかけだ。

小野薬品の相良暁社長は「会社の名誉のためにも、研究に貢献したことははっきり申し上げたい」と反論。水面下で何やらキナ臭い事態が生じていることをうかがわせた。オプジーボは高価な薬で、二週間に一回の投与で年間三千万円くらいかかるとされていた。その後の薬価の改定で半額以下になったというが、高額なことに変わりはない。

五日には、全国がん患者団体連合会が「副作用などもあることから、慎重に投与されることが必要な薬剤」と、オプジーボに注意を促す声明を出す。

「夢の新薬」には、間質性肺炎をはじめ、1型糖尿病、重症筋無力症などの重篤な副作用があったのだ。

と呼びかけた。

厚生労働省も、肺がん治療薬「タグリッソ」と併用したときの副作用に、とくに注意が必要だ
〈(タグリッソを)製造販売するアストラゼネカが2016年3月から18年8月までの全使用例を調査したところ、3578人のうち、下痢や発疹などの副作用が2079人に出て、うち52人が死亡していた。

重い副作用で目立つのが、肺の袋の壁が厚くなり機能が落ちる間質性肺疾患で、231人が発症、27人が死亡した。どういう患者に多いかを調べたところ、オプジーボの使用歴がある患者は2倍以上、発症リスクが高かった。〉(毎日新聞三月一日夕刊)

そもそも、オプジーボにどれほどの効果があるのか。

近藤さんは、ノーベル賞発表の一年以上も前、『文藝春秋』二〇一七年九月号に、「肺がんにオプジーボは効かない」を寄稿している。例によって、内外の文献を徹底的に渉猟し、分析した論考だ。

〈今年(一七年)六月、世界で最も権威のある医学雑誌「ニューイングランド・ジャーナル・オブ・メディスン」にある論文が掲載されました。

進行肺がんの患者を対象にした比較試験で、ニボルマブ(商品名オプジーボ)を投与されたグループと抗がん剤を投与されたグループの生存率を追跡したところ、両群の生存率にほとんど差がないというデータが示されたのです。〉

この比較試験は、日本を含む世界二十六カ国による国際共同比較試験として行われた。ニボル

マブ投与群二百十一人、抗がん剤投与群二百十二人という大きな規模だ。

〈その結果ですが、まず両群の生存率曲線を見ると、二つのグラフがほぼピッタリと重なっており、抗がん剤に対するニボルマブの優位性は完全に覆されています。

しかも、試験開始から二十一カ月を過ぎると、ニボルマブ投与群の生存率は抗がん剤投与群の生存率を下回ってしまいます。〉

重篤な副作用についても、そのメカニズムを含めて徹底検証し、こう述べている。

〈免疫学者の中には「免疫チェックポイント阻害剤は免疫システムを破壊するきわめて危険な薬」と指摘する声もあり、今後、薬の使用が広がると、重篤かつ致死的な未知の副作用が次々と出てくるかもしれません。〉

〈肺がんに対する臨床使用承認時の比較試験では、投与の開始から五カ月で約三割、八カ月で約四割の患者が死亡しています。

この比較試験の対象は主にステージⅣの肺がん患者ですが、仮にこれらの患者に対して何も治療をしなかった場合、Ⅳ期といえども五カ月で約三割もの患者が死亡するはずはありません。

「副作用死を排除する手立てがないまま、無差別にオプジーボを使用するのは人道に反する」との声が一部医療現場から上がっているのもそのためでしょう。〉

がん治療の革命児は、ノーベル賞という権威中の権威を相手にしても、少しもひるむことなく一蹴してみせる。

成人の二人に一人が、がんになる時代。

近藤さんに「イージー・オール」の声がかかる日は、当分来そうもない。

§

近藤誠医師が、慶応医学部での出世コースに背を向け、孤高の変革者の道を歩み始めたのは、四十歳のとき。

野茂英雄投手が、一億八千万円の年俸に見向きもせず、一文無しになる覚悟でメジャーを目指したのは、二十六歳のときだった。

第3章 「パイオニア」の意地と誇り

「テレビ電話」ロス↕東京

〈江夏　オーイ。
野茂　はい。
江夏　画面映っとるか。
野茂　映ってます。
江夏　よし（笑）。
野茂　今晩は、ですね。こちらは朝ですけど。
江夏　うん。本来ならオレもそっちへ行きたいんだけど、こういう形で大変申し訳ない。今日はできる限り野球の話を聞かせてくれよ。
野茂　はい。〉
月刊『文藝春秋』一九九五（平成七）年八月号の「君には大リーグがよく似合う」は、そんなやり取りで始まっている。ロサンゼルスにいるドジャースの野茂英雄投手と、東京にいる野球評論家、江夏豊さんのテレビ対談だ。
この年、海を渡ってメジャーリーグ入りした野茂投手は、背番号16をバッターに見せつける独特の「トルネード投法」で、文字通り旋風を巻き起こしていた。ストライキでシーズンの開幕が遅れたため、五月二日のサンフランシスコ・ジャイアンツ戦が初登板。初勝利まではひと月かかったが、六月は二つの完封を含む六勝負けなし、防御率〇・八九という素晴らしい成績で、ナショナル・リーグのピッチャー・オブ・ザ・マンスを獲得する。十六奪三振という試合もあった。

『文藝春秋』のデスクだった私は、野茂投手の手記か単独インタビューが欲しいと考えた。野茂の代理人を務めていた団野村さんに接触し、依頼すると、ひと月近く待たされて、ようやく返事がきた。

「手記もインタビューも無理だけど、対談なら受けると言ってます。ただし相手は、江夏豊さんでなければだめだそうです」

意外な指名だった。その当時の江夏さんは、覚せい剤取締法違反で二年四カ月の実刑に服し、この年四月に仮釈放となったばかり。正直、あまりにもイメージがよくない時期だ。

野茂投手も、そんな事情は百も承知だったが、頑として譲らないという。

「ピッチャーとして尊敬できるのは、江夏さんだけ。メジャーで投げたいという僕の思いをわかってくれるのも、江夏さんだけです。江夏さんとなら、話したい。ほかの人なら断わります」

江夏さん自身も、「えっ、俺を指名してくれたの?」と驚いたそうだが、

「だけど、どうするんだ? 俺はアメリカに行けないぞ」

まだ刑期が満了していないから、アメリカの入国ビザは下りないのだ。だからといって、お互いの顔が見えない電話対談では、話は盛り上がりそうもない。今なら手軽にスカイプが使えるから何の問題もないが、インターネットさえ普及し始めたばかりの時代だ。マイクロソフトのＷｉｎｄｏｗｓ95の発売が、まさにこの年だった。

策はないものかと悩んでいると、誰が教えてくれたのか、「テレビ電話」なるものがあるという。

国土の広いアメリカでは、とっくに実用化され、各地のビジネスセンターなどに設置されているらしい。

しかし日本には、時間制で借りられるテレビ電話はほとんどない。あちこち探し回って、ようやく東京・新宿のホテルセンチュリーハイアット（当時）にあるとわかり、急いで借り受けの交渉に入った。二時間でかなりの金額を請求された記憶があるが、定かではない。

かくして、おそらくは雑誌史上初のテレビ電話対談が実現。冒頭の二人の会話には、そんな背景があったのだ。

大きな画面で相手の顔がよく見えるから、以後の会話は違和感なく進んだ。

〈江夏　一番初めのジャイアンツ戦、一番バッターに対するピッチング内容は覚えてるだろう。真っすぐでボール、ボールと入って。

野茂　はい。

江夏　ツーボールから一球ストライク取って、四球目でアウトロウに素晴らしい球が決まったんだよね。

野茂　はい。

江夏　あのボールを投げられた時の喜びは自分の気持ちに残ったんじゃないかな？

野茂　うーん。でも自分では、外、外、フォークと三球で終わるイメージだったから、最初の二球が余計だったんです。最初から打たれるのが嫌でボール二球続けたわけじゃないんですよ。本当は二球ファウルでもいいからカウントを稼いで三球で仕留めてやると思ってたので、少し不満です。

江夏　でも、五球目のフォークで三振取ったでしょう。あの時の攻め方のパターンは、見ていてすごくいいものを感じたよ。

野茂　そうですね。最初の二球を除けば、もう理想でしたね。ぼくの考えから言うと、ピッチャーというのは、真っすぐとカーブとフォークさえあれば打者を抑えられるんです。その気持ちはメジャーで投げる前から変わっていません。

江夏　いま五十イニング近く投げて、五十九個三振を取っているんだけど、奪三振の数はまだこれから増えそうか？　自分ではもっと取れると思う？

野茂　うーん……取れますねえ。

江夏　ハハハ。〉

江夏さんのそばで対談に耳を傾けながら、私は何度もうなずいていた。

そうか、野茂さんはこういう話をしたかったから、江夏さんを指名したのか。超一流の投手にしかわかってもらえない、中身の濃いピッチングの話を――。

日本の野球に失望して

野茂投手は、一九八九（平成元）年のドラフト会議で、史上最多の八球団（阪神、ロッテ、ヤクルト、横浜大洋、福岡ダイエー、日本ハム、オリックス、近鉄）から一位指名を受け、交渉権を得た近鉄バファローズに入団する。一年目に、いきなり十八勝八敗。新人ながら最多勝・最優秀防御率・最多奪三振・最高勝率の投手四冠を独占し、新人王・MVP・ベストナイン・沢村栄治賞とタイトルを総なめにした。

近鉄に五年間在籍して七十八勝を挙げたあと、二十六歳でメジャーへ移籍。日本人のメジャーリーガーは、一九六四（昭和三十九）年の村上雅則投手（南海→サンフランシスコ・ジャイアンツ）以来、三十年ぶり二人目だった。

江夏投手の足跡にも目をみはるものがある。

たとえば、日本記録を更新するシーズン三百五十四個目の奪三振を、巨人の王貞治選手から取ると公言して、見事に実現してみせた。そして阪神のエースとしてオールスター戦で記録した、日本初の九連続奪三振。広島で投げていたときには、近鉄との日本シリーズ最終戦、一点リードの九回裏ノーアウト満塁のピンチをしのいだ「江夏の二十一球」など、野球ファンの記憶に深く刻まれる数々の名勝負の主役を演じた伝説の投手だ。

対談の話題は、日米の練習方法や野球そのものの違いへと移っていく。

〈野茂　日本だと、キャンプでも、ほとんどやらされるメニューが多いし、そのメニューでどこを鍛えているのか分からなかったんですけど、自分でやると、今自分はこうだからこの練習をやるんだという課題を持てるので、やっぱり今のほうがいいですよ。

江夏　他に自分自身、変わったと思うところはある？

野茂　ぼくの考え方としては、日本にいた時とまったく何も変わってないんですよ。でも一つ言えるのは、野球を楽しめることが、一番アメリカに来てよかったことですね。

それもマイナーリーグのキャンプから始めたでしょう。マイナーリーグには、とくにドミニカの選手が多いんですけど、１Ａにも入れないんじゃないかという選手がいるんです。彼らは本当に目を輝かせて、野球ができるだけで幸せだという顔をしているんですよ。

最初にそれを見た時に、練習は苦しむもんじゃないんだと思ったんです。彼らは、練習でも、たとえ試合で打たれても、気分さえ良ければいいんだと言うんですね。だから今、八試合投げて、ゲームで学んだことはまだ何もなくて、ただ楽しんでやるんだということだけを感じてますね。

江夏　そういう気持ちは、近鉄にいる時は感じなかった？

野茂　はい。百パーセント仕事だと思ってました。今は日本にいた時より苦しい立場にいるはずなんですけど、気分的には楽ですね。言葉が喋れなくても、ベンチにいてもロッカーにいても、試合中でも、すごく楽しいです。〉

この前年、近鉄で過ごした最後のシーズンに野茂は肩を痛め、わずか八勝に終わっている。新たに就任した鈴木啓示監督との確執も報じられた。

野茂は近鉄との入団交渉で、「投球フォームを改造しないこと」を条件に挙げたという。当時の仰木彬監督はこれを受け入れ、調整方法も本人に任せていた。野茂の愛読書は、四十六歳まで投げ続けたメジャーの大投手ノーラン・ライアンが、健康管理とトレーニング方法を記した著書『ピッチャーズ・バイブル』だ。野茂はこの本で投げ過ぎの恐ろしさを知り、「休養をしっかり取って、肩の負担を減らせ。意味のないトレーニングはするな」という考え方に心酔していた。

ところが鈴木新監督は違う。自身、三百十七勝を挙げた近鉄の元エースの野球哲学は、「死ぬまで投げろ」。調子を崩した野茂に対して、「フォームを改造しなければ、いずれ通用しなくなる」と厳しく批判した。

野茂投手のエージェント（代理人）だった団野村氏を二年間取材して、『日出づる国の「奴隷野球」』を著したロバート・ホワイティング氏が、『週刊文春』に書いている。

〈七月の初め、西武スタジアムでの試合のあと、二人はとうとう火花を散らした。この試合で、16個もフォアボールを出すほどコントロールに苦しんでいた野茂を、鈴木監督は最終回まで投げさせたのだ。〉（九九年十一月十一日号）

試合には勝ったが、野茂の投球数は百九十一に達し、痛めた肩はますます悪化した。

〈肩を治すためにファームに送られた野茂は、投球練習を拒否し、なるべく肩を休ませるような練習メニューを採り入れようとした。

鈴木は彼を〝怠け者〟と決めつけた。〉（同）

団野村氏と知り合ったのはこのころで、またいつか肩を壊すようなことがあっても、お払い箱にならずに済むよう、近鉄に複数年契約を要求することを決める。今のプロ野球では認められている「代理人制度」も、当たり前に要求されている「複数年契約」も、当時は前例がなく、受け入れられるはずもない。そこで二人は、メジャーに挑戦する計画を立てる。その根底には、日本野球に対する強烈な失望感があったのだ。

野茂投手が時代に先駆けていたのは、メジャー挑戦への意思だけではなかった。いかにも日本的なスパルタ式トレーニングに異を唱え、大切な肩に負担をかけないトレーニング方法を自分で探したことも、大きな意味をもつ。

大川達也さんは、野茂選手のパーソナル・トレーナーだ。特定の球団には所属せず、オフのときに選手と個人的に契約して、マンツーマンでトレーニングに付き合う。大川トレーナーは、野茂投手の野球に向き合うひたむきな姿勢と人柄に惚れ込み、痛んだ肩の再生に全力を尽くした。当時はほとんど表に出なかったが、野茂投手の大リーグ挑戦を陰で支えた、極めて重要な人物だ。

八月号の野茂・江夏対談に続いて、『文藝春秋』九月号に、大川さんの貴重な証言を掲載することができた。私が付けたタイトルはかなり刺激的で、「野茂の身体はボロボロだった」。

〈野茂さんの肩は、実際かなり悪かったんです。本人に聞いた話では、「一時は車を運転する時、ハンドルも回せないほど痛かった」と言っていました。

「投げない方がいい」と医者に言われて、休めてはいたらしいんですが、痛みがひいてくると投げてしまう。それでまた痛める。〉

〈野茂さんのフォームはすごく身体に負担がかかるんです。あのフォームの良さを残しながら、どうしたら身体のメカニズムからいって正しい動きで投げられるのか、野茂さんの身体がそれをどうやって覚えるのが一番いいか、またそのフォームを支えるためには、どこの筋力をつけなければならないか。いろんなことに取り組んだわけなんですよ。

要するに身体で投げる、腕で投げないということです。〉

メジャーで投げ続けた野茂投手の身体を、大川トレーナーは綿密にチェックし、的確なアドバイスを怠らなかった。現役を退いたあとも、さまざまな形でサポートしている。

「野茂さんは最高のアスリートです。肉体も、そして精神も。いったんこうと決めたら、何が起ころうとブレない。僕は、野茂さんが一文無しになる覚悟でアメリカに行った、あの心がすごく好きなんです」

そんな野茂礼賛を、私は何度も聞いている。大川さんにとって野茂英雄は、今も「特別な存在」なのだ。

「僕たちは正しいことをやっている」

今では、「フリーエージェント」や「ポスティング」によって、メジャーへ移籍するルールが確立されている。しかし当時は、日本のプロ野球選手がアメリカでプレーすること自体が、想定外だった。大リーグコミッショナー事務局の問い合わせに対し、日本のコミッショナー事務局が返した一九九四（平成六）年の回答がある。

［日本の任意引退選手が現役に復帰したければ、日本国内を選ぶかぎりは、元のチームとしか契約できません。言いかえれば、アメリカのチームとなら契約できる、ということになります」

自由を得る道はたったひとつ。任意引退の身分を獲得して、自分でメジャーの球団と交渉することだった。

〈九四年〉十二月初旬、野茂は前田泰男・近鉄球団社長と契約交渉をするために、団野村を伴って約束の場所に現れた。〉（前掲の『週刊文春』）

前田球団社長は団氏の同席を認めず、「君を部屋に入れるわけにはいかん。出ていきたまえ」とドアの外へ押しだそうとする。

〈「それなら――」野茂がすかさず、くるりときびすを返す。

「ぼくも出ていきます」

「いや、君はいかん」と前田。

「君は残りなさい。うちの大事な選手なんだから」

前田が肩に手をかけて制止する。野茂はその手を払いのけてドアへと向かった。

いま思えば、あのときの野茂はすごい迫力だった、と団は述懐する。チームのお偉方に向かって、あんな態度がとれるほど度胸のある日本人選手には、会ったことがない。〉（同）

結局、団氏は退室を余儀なくされ、二十六歳の野茂はたった一人で、老練のビジネスマンと渡り合う。この日の交渉は決裂したが、十二月中旬の二度目の話し合いで決着に至る。どうしてもメジャーで投げたいという野茂の熱意に、前田球団社長はついに折れ、任意引退とメジャー行きを了承したのだ。近鉄には一円も入らない結末だった。

意思を貫いた野茂投手に対し、近鉄球団だけでなく、マスコミやファンからも凄まじい非難の声が巻き起こる。

とりわけスポーツ紙が過激だった。「恩知らず」「わがまま」「トラブルメーカー」「裏切り者」とこき下ろす見出しが、連日のように躍った。「売国奴」と書いた新聞さえある。記者も評論家も、大方が「日本人が大リーグで通用するはずがない。何を思い上がっているんだ」「どうせ本気で行く気はないよ。年俸を吊り上げる口実だろ」と冷ややかだった。あまりのバッシングの激しさに、野茂投手の父親も心配し、アメリカ行きを断念するよう説得したという話もある。

ところが本人は、そんな批判などまったく意に介さなかった。

〈野茂は団野村に操られている——それが世間一般の見方らしい。しかし、実際はまったく違う。野茂批判がもっとも激しくなったある時点で、気持ちが揺らぎはじめたのは、団のほうであって、野茂ではない。

「これからもっと大変なことになる。大丈夫か」

団は野茂にそう言った。

すると野茂は、団の肩をポンと叩いて答えた。

「もちろんですよ、野村さん。大丈夫。僕たちは正しいことをやってるんです」〉(同)

ドジャースとの契約にこぎつけたものの、近鉄でもらっていた一億八千万円の年俸は、メジャー最低保証の九百八十万円にまでダウンした。前年に肩を壊して八勝で終わり、復活できるかどうか未知数だから、日米ともに、注目度はさほど高くなかったのだ。

しかし、メジャー以外は眼中にない野茂投手は、年俸などまるで気にしない。

大川トレーナーの証言。

〈(野茂さんは)寸暇を惜しんでトレーニングしてました。

あの時は大リーグもスト中で、どうなるかわからない時期でしたが、野茂さんは「とにかくやるだけだ」というシンプルな考えかたで動じませんでしたね。

二カ月間、ただ黙々と練習しました。多分、「肩さえ治ればまだまだいける」という強い自信があったんでしょうね。不安がないはずはないでしょうが、一言も口にしませんでした。〉（前掲の『文藝春秋』九月号）

開幕して一カ月が過ぎると、野茂投手はどんどん勝ち星を積み上げていく。わずか三カ月後には、ロサンゼルスに「野茂マニア」と呼ばれるファンが激増した。アメリカの子どもたちは、嬉々としてトルネード投法をまねた。ドジャースがギフトショップに野茂グッズを並べると、ジャケットやTシャツが飛ぶように売れて、製造が追いつかない。

〈野茂マニアは、遠い祖国にも伝播した。彼の登板する試合はすべてライヴで中継され、今までさんざん悪口を言っていた連中も、急に健忘症になったかと思うほどの〝てのひら返し〟。彼の勇姿は、連日スポーツ紙の一面をにぎわした。〉（前掲の『週刊文春』）

江夏さんとの対談が実現したのは、そんなタイミングだった。

〈野茂　本当に出来るだけ長くメジャーでやりたいです。

江夏　まだ一年目だけれど、これからも十分にやっていけるという自信はあるね？

野茂　自信はもう、日本を出る時から持ってます。

江夏　よし。じゃあ、肩を大事にしろよ。

野茂　はい。ありがとうございました。江夏さん、また話しましょう。

江夏　オッケー。〉

対談は、こうして終わる。寡黙で知られる野茂投手は、いつになく饒舌だった。口をへの字に曲げて頬を膨らまし、記者団の質問を無視する普段の彼とは、別人のようだ。日本のスポーツマスコミは番記者を張り付けていたが、野茂投手は試合後の会見も拒否。ほとんど取材を受けていない。

ひとつの理由は、「あれだけ悪口を書いておいて、何を今さら」というマスコミ不信。もうひとつの理由は、「今日の調子はどうでした?」「今、どんなお気持ちですか?」とか、「今年の目標を聞かせてください」「ファンの皆さんにひと言」といった無意味な質問に、とことん嫌気が差していたこと。話すなら、本質的な野球の話をきちんとしたいという思いが募っていたのだろう。

「頑張ってこいよ」と言われなかった二人

野茂投手はメジャー一年目のこの年、十三勝六敗の成績で新人王を獲得する。オールスターにも選ばれ、ナ・リーグの先発としてマウンドに立つ。メジャーを代表する強打者を相手に、二回を投げて一安打無失点。三つの三振を奪う好投を見せた。

『週刊文春』七月二十七日号の「大リーグオールスター　野茂の25球徹底分析」では、六人の打者に投げたすべてのボールに、江夏さんが解説を加えている。ノンフィクション作家の山際淳司さん（故人）が、伝説の日本シリーズの舞台裏を描いた名作『江夏の21球』にならった企画だ。ここには江夏さんの野球観やピッチャー哲学の奥深さが、よく表れている。

たとえば一回裏、二番打者のカルロス・バイエガ（インディアンズ）を左打席に迎えた場面――。

〈第5球・外角高めの直球、ボール。

「何度もいいますが、（野茂の）コントロールは全然よくなってないですよ。かなり甘い球がある。でも荒れ球は少なくなったですね。それは一試合、一試合の経験と、一つ一つの勝ち星の自信が、ああいう形になってるのは確かです。彼には、必要以上のコントロールを要求するのは無理でしょう。トルネードという投げ方イコール彼の持ってる力ですね、要するにあのストレートの力。

ただ、晩年の自分で言えば、ブルーワーズに行った時には、コントロールで、タイミングで勝負しなけりゃ勝てるピッチャーじゃなかったんですね。でも彼の場合は、そういうコントロールとかタイミングを見なくても、スピードでカバーできるピッチャーなんです。

でも人間はいつか、こういうスピードで抛《ほう》っていくと、体力的に苦しくなる。その時に備えて、今のいい時に自分のピッチングを考えるということが必要です。ただ、馬力だけで抛ってると、悪いけれど江川卓くんみたいになってしまう。

江川くんは十年近くやって、初めの五年は確かに怪物投手でした。でも最後の五年というのは、並みの投手だったでしょう。勢いのある時に、自分で工夫していれば、もう少し内容的に違ったものが出たと思うし、もう少し長くできたと思うんですね」

第6球・真ん中高め直球、ファウル。

「バッターの方が野茂のフォークに意識過剰になっている。高めの球がストンと落ちそうで怖いんです。これでスローボールが投げられるようになったら、ピッチングの幅がグンと広がる。

ぼくは王さんに対して、一つの戦法としてノースリーまで意識してスローボール抛ったりしました。スローボールは怖いっていう。なぜ怖いかというと、打たれたとき、悔いが残るわけです。精いっぱい投げた球を打たれたなら納得するけど、余力を残して投げたボールを打たれると、ものすごく悔いが残るんですね。

でも、余裕を持って緩いボールを抛るのも、一つの投法ですからね。全力投球の速い真っすぐと、遅い真っすぐというのを持つんです。このピッチャーの真っすぐはこういうイメージなんだということを、相手に持たせない。

遅い真っすぐ、これはもう一つ大きな武器になるんですよ。五キロぐらい、自分で意識して遅くすると、案外ゆとりができ、幅ができる。野茂くんもけっこう抛ってますよ。ただし、無造作に（笑）。完封した時に、多かったです、勝負球に、そういう球が。それは若干ピッチングが雑になった部分とも言える（笑）」〉

江夏さんは、阪神、南海、広島、日本ハム、西武と渡り歩いて「優勝請負人」の異名を取り、一九八四（昭和五十九）年に引退する。最後に所属した西武を退団したのは、「管理野球」を掲げる広岡達朗監督とまったく反《そ》りが合わなかったからだ。同じ年に西武で引退した田淵幸一さんと違い、球団主催の引退試合は行われない。

そこで、文藝春秋のスポーツ雑誌『Ｎｕｍｂｅｒ』編集部が主催し、名球会が協力して、東京・多摩市の一本杉公園野球場で「たったひとりの引退式」が催された。私も手伝いに駆り出されたが、このときの挨拶で、メジャーリーグ挑戦が明らかになる。

「江夏豊三十六歳、本当にバカな男かもわかりません。ですが、日本に帰ってきたときには、たったひと言『ご苦労』、それだけ言ってやってください」

ミルウォーキー・ブルワーズの春季キャンプに参加し、オープン戦でも結果を出したが、開幕からのメジャー参戦は叶わなかった。実力よりも、年齢がネックになったという。球団からは2Aでのマイナー契約を打診されたが、ここで本当の現役引退を決めた。

『豪球列伝』で、江夏さんはこう語っている。

「俺は不完全燃焼を起こして燻り続けている『投手魂』の『死に場所』が欲しかった。俺は広岡という男に『死に場所』を取られた。もう一度納得出来る場所で投げてみたかった。大リーグのキャンプに参加して、納得できた」

江夏さんの野球観とピッチャー哲学。監督との確執で、追われるようにチームから離れた体験。たった一人でメジャーを目指した志が、野茂さんの共感を得たのだろう。

テレビ対談の最後に言った「江夏さん、また話しましょう」という言葉は、社交辞令ではなかった。メジャー三年目のシーズンを終えたあと、一九九七（平成九）年十二月十八日号の『週刊文春』で、二人は再び対談。今回は東京で、続・野球談議に花を咲かせている。

〈江夏　メジャーの印象は、一年目の頃と変わってきた？

野茂　見るほうとしては、年々、面白くなってます（笑）。やっぱり毎回マウンドに上がるのは楽しみだし、負けると悔しいし、もっともっと投げていたいですね。〉

〈江夏　オレにとって野茂英雄は憧れなんだ。自分の果たせなかった夢をきっちり果たしてくれている、すごい男なんだ。来年も頼むぞ。
野茂　はい。ありがとうございます。〉
二〇一八（平成三十）年十月に放送された、NHKスペシャル『平成史スクープドキュメント』。栄えある第一回のテーマに選ばれたのは、野茂英雄だった。この番組にも出演した江夏さんは、「今でも野茂君と時々会っている」と明かし、しみじみと語りかけた。
「おまえも俺も、一度として『頑張ってこいよ』という声をかけてもらったことはなかったなあ」

野茂が切り開いた道

野茂投手は、引退するまでメジャー八球団に所属し、通算百二十三勝を挙げた。奪三振王が二回。ノーヒットノーランも二回達成している。しかし、十六勝を挙げた二〇〇三（平成十五）年のオフに肩を手術して以降、球威に衰えがみえ始める。翌年は十連敗を喫し、その翌年からはマイナー契約でデビルレイズ、ヤンキース、ホワイトソックスを渡り歩いた。ベネズエラのウインターリーグで投げたこともある。

二〇〇八（平成二十）年七月、

「リタイアすることにした。プロ野球選手としてお客さんに見せるパフォーマンスは出せないと思うし、同じように思っている球団も多いと思う。自分の中ではまだまだやりたい気持ちが強いが、自分の気持ちだけで中途半端にしていても、周りに迷惑をかけるだけだと思った」

とコメントして、現役を引退。最後まで野茂英雄らしく、記者会見は行わなかった。

社会人野球の「NOMOベースボールクラブ」を大阪府堺市に設立したのは、まだ現役だった二〇〇三（平成十五）年のことだ。不景気のあおりで、社会人の野球チームが続々と廃部になっていた。日本野球連盟に登録されている企業チームは、ピーク時の二百三十七チーム（一九六三年）から、この年には八十四チームにまで激減したという。プロ選手を輩出した名門の日産自動車、プリンスホテルなども相次いで廃部となる。

こうした状況を憂い、野球を愛する若者に少しでも受け皿を作りたいという思いからのNOMOクラブ設立だった。場所を堺市にしたのは、野茂さん自身が所属していた新日鐵堺のチームも消失していたからだ。

現在は兵庫県豊岡市に拠点を移し、少年野球大会の「NOMO CUP」なども主催。野茂さんは代表理事を務めている。日本のプロ球団から、監督やコーチにという誘いもあるようだが、臨時コーチ以外は引き受けていない。

『週刊文春』で江夏さんと二度目の対談を行った一九九七（平成九）年は、長谷川滋利（オリックス→エンゼルス）、柏田貴史（巨人→メッツ）、伊良部秀輝（ロッテ→ヤンキース）の三投手がメジャーに挑戦した。

〈**江夏**　今年の場合、野茂君に続いて新たに三人の日本人投手がそれなりに活躍した。そういう意味では、メジャーの日本野球に対する見方が変わってきたと思うんだけれど、周りのナインの目、ファンの目、マスコミの目には変化を感じる？

野茂　認めてもらったという気はしますね。僕が最初に来たときは、「おまえ、ほんまに使えるのか」とか（笑）、そういう不安の声ばかりだったんです。ところが今年よく質問されたのは「次は誰が来るんだ」、「ほかに使える選手はいるのか」、「野手はどうなんだ」……。

江夏　今年の四人はピッチャーばかりだったわけだけど、野手は通用するだろうか。たとえば広島の野村。彼は元々メジャー指向の強い選手だったし、シーズン終了直後には、行く、行かないで話題になったんだけどね。

野茂　うーん。やってみないことには何ともいえませんね。たとえばイチローですけど、彼なら十五年間、三割前後を打ちつづけたバトラー（ドジャース外野手）ぐらいやれそうな気もします。ホームラン三十本は、無理でしょうけどね（笑）。〉

イチローは、この対談から四年たった、二〇〇一（平成十三）年に海を渡る。野茂さんの〝予言〟通り、メジャーのシーズン最多安打記録を樹立するなど、目覚ましい成績を残し、四十五歳まで現役にこだわり続けた。

イチローのあとに松井秀喜、松坂大輔が続く。さらに田中将大、大谷翔平、菊池雄星が脚光を浴びている。大谷は、平成の時代で五十七人目の日本人メジャーリーガーだという。野茂のドジャース入団から三年後にポスティングシステムが導入され、送り出す日本の球団にもメリットのある制度となった。これからも、日本人選手が続々とアメリカを目指すことになるのだろう。

しかし、パーソナルトレーナーの大川さんは、釘を刺していた。

〈野茂さんは球場と家の往復だけで、後はほとんど何もしていないようでした。部屋にもテレビとステレオとゲームぐらいしかなくて、本当に野球に集中していました。（中略）
野茂さんと同じように何もない部屋で、日本にいる時のようにワーッと飲みに行く友達もいない、毎日毎日、試合が終ると球場で食事して、家へ帰ってゲームして寝るだけの、野球一筋というシンプルな生活に耐えられる人がどのくらいいるか。
「これぞ野球をやる環境」と野茂さんは言っていましたが、それで幸せだと思える人でないと、いくら野球能力がすぐれていてもダメでしょう。〉（前掲の『文藝春秋』九月号）
独りで先頭を歩き、道を切り開いた野茂英雄は、古くさい因習と権威を打ち破るために、ひたすら闘い続けた革命児だ。パイオニアという言葉が、これほど似合う男はいない。
九五年十二月、オウム真理教と闘い続けたジャーナリストの江川紹子さんと共に、第四十三回菊池寛賞に選ばれた。小柄で細身の江川さんと、身長百八十八センチ、体重百キロを超える野茂さんが、表彰式の壇上に並んだ。
私には、とりわけ感慨深い光景だった。

§

八九年に坂本弁護士一家殺害事件が起こり、九五年の地下鉄サリン事件を契機に麻原彰晃が逮捕されるまで、捜査が完全に行き詰まって膠着状態となる「空白の三年」があったことは、すでに述べた。

私はこの間、九二年六月から九三年四月まで、ほぼ一年にわたって、もう一つの厄介な宗教団体と格闘することになる。統一教会だ。

統一教会が信者を操る「マインドコントロール」の手口は、オウム真理教の強制的で暴力的な「洗脳」より、はるかに複雑かつ巧妙なものだった。

江川さんの著書『全真相　坂本弁護士一家拉致・殺害事件』に、こういう一節がある。

〈坂本は、霊感商法などで問題となった統一教会対策に学ぼうと考えた。統一教会信者のカウンセリング活動を続けている牧師に頼んで親の勉強会をセットしたり、やはり統一教会からの脱出カウンセリングで有名な浅見定雄東北学院大教授に、相談の電話を入れている。坂本からオウムの資料を送られた浅見は、「これもカルトですね」と答え、アドバイスをした。〉

坂本弁護士はオウムに関わってすぐ、カルト教団から信者を救い出すことの難しさに気づき、統一教会対策に学ぼうと考えたのだろう。

オウムによる坂本事件→統一教会の合同結婚式→再びオウムによる地下鉄サリン事件。八九年から九五年までの七年間は、オウムと統一教会という二つのカルト教団が、日本社会を揺さぶり、掻き回し、底知れぬ不安に陥れた日々だった。

私がマインドコントロールの恐怖を初めて知るのは、「合同結婚式のまやかし」をスクープした、九二年六月のことだ。

この度はご購読ありがとうございます。アンケートにご協力ください。

本のタイトル

●ご購入のきっかけは何ですか?(○をお付けください。複数回答可)

1 タイトル　2 著者　3 内容・テーマ　4 帯のコピー
5 デザイン　6 人の勧め　7 インターネット
8 新聞・雑誌の広告(紙・誌名　)
9 新聞・雑誌の書評や記事(紙・誌名　)
10 その他(　)

●本書を購入した書店をお教えください。

書店名／　(所在地　)

●本書のご感想やご意見をお聞かせください。

●最近面白かった本、あるいは座右の一冊があればお教えください。

●今後お読みになりたいテーマや著者など、自由にお書きください。

どうもありがとうございました。

郵便はがき

おそれいりますが
62円切手を
お貼りください。

1028641

東京都千代田区平河町2-16-1
平河町森タワー13階

プレジデント社
書籍編集部 行

フリガナ		生年（西暦） 年	
氏　　名		男・女	歳
住　　所	〒 TEL　　　（　　　）		
メールアドレス			
職業または学校名			

ご記入いただいた個人情報につきましては、アンケート集計、事務連絡や弊社サービスに関する知らせに利用させていただきます。法令に基づく場合を除き、ご本人の同意を得ることなく他に用または提供することはありません。個人情報の開示・訂正・削除等についてはお客様相談口までお問い合わせください。以上にご同意の上、ご送付ください。
お客様相談窓口＞経営企画本部 TEL03-3237-3731
式会社プレジデント社　個人情報保護管理者　経営企画本部長

第4章
「宗教マフィア」への宣戦布告

一枚のファクス

「送っていただいた企画書の最後に、『追伸』と書いてあるネタ、これをやりたいんです」

私がそう告げると、電話の向こうから、明らかに戸惑う声が返ってきた。

「ええっ、ちょっと待ってください。ほかの企画は?」

「ほかのはあとにしましょう。今週、ぜひこれをやりたい」

「……わかりました。もう少し調べてみます」

ジャーナリストの有田芳生さんは、そう答えて電話を切った。

『週刊文春』の企画は、編集部員はもちろん、外部のジャーナリストにも出してもらう。デスクだった私は、ジャーナリストの江川紹子さんに紹介してもらったばかりの有田さんにも、「何か企画を出してください」と頼んでいた。一九九二(平成四)年六月のことだ。

有田さんから送られてきたファクスには、硬派で骨太のプランが五本くらい並んでいた。その最後にオマケのようなかたちで、「新体操の女王、山﨑浩子さんが統一教会(世界基督教統一神霊協会)に入信していて、この夏にソウルで行われる合同結婚式に参加するそうです」と書いてあった。

一九八四(昭和五十九)年のロス五輪で日本人初の個人総合八位に入賞した山﨑さんは、現役を引退して新体操スクールを運営したり、タレントとしてTBSの人気番組「クイズダービー」などに出演していた。

「これは、いけるぞ」という直感があった。

一九九〇年の衆議院選挙に「オウム真理教」の幹部たちが大量に出馬して物議を醸し（全員落選）、九一年には「幸福の科学」の信者が講談社に、大挙して抗議に押しかけるという騒ぎもあった。当時、『週刊文春』では「愛の家族」という奇妙な宗教団体の批判キャンペーンを展開していて、新興宗教への世間の関心は高まるばかり。

新体操の女王の合同結婚式参加が話題を呼ばないわけがない。そこで急いで、有田さんに電話をかけたのだった。より詳しい情報が、すぐにもたらされた。山﨑さんが所属している西東京ブロックから約七百人が合同結婚式に参加するが、申し込みのために撮影された山﨑さんの写真を見たという信者がいる。

信教の自由があるから、山﨑さんが統一教会の信者だというだけでは記事にできない。しかし合同結婚式に参加するのが確実なら、報じる意味はあるだろう。

その後、申し込み写真を撮ったカメラマンの名前も判明し、情報の信憑性は高まった。あとは本人に直接確認してコメントを取れば、記事にできる。

毎週木曜発売の『週刊文春』は、一週前の木曜に企画会議とデスク会議を開き、テーマとチームを決めて取材をスタートする。翌々日の土曜夕方に再度デスク会議を行い、うまく進んでいないネタをボツにし、新たな企画をスタートさせる。原稿の締め切りは火曜の朝、校了はその夜だから、土曜にスタートした企画は、日曜と月曜の二日間で取材して答えを出さなければならない。

山﨑さんの合同結婚式参加は、土曜スタートの企画だった。原稿を書く記者を「書き」、取材だけ担当する記者を「足」と呼んでいるが、取材は「書き」と「足」が分担して行う。このときは、松葉仁記者が「書き」、石井謙一郎記者が「足」だった。

六月二十日土曜の夕方、私は二人に、有田さんからもたらされた情報を詳しく伝えた。

「明日の日曜日は、統一教会の礼拝がある。山﨑さんが通っているのは高田馬場の教会だそうだ。本人をつかまえて、話を聞いてくれ」

ところが、この情報は間違いだった。あとでわかったことだが、山﨑さんが通っていたのは世田谷教会。高田馬場で張り込んだ記者とカメラマンは、空振りに終わって編集部に引き揚げてきた。

動けるのは、月曜の一日だけとなったが、幸い、月曜は山﨑さんが新体操スクールで教える日だという情報をつかんでいる。松葉記者が勇躍スクールへ出向くと、なんとその日に限って休みだという。石井記者は自宅の住所を探ったが、辿り着けないまま時間だけが過ぎていった。

やむをえず事務所に取材を申し込んだところ、マネージャーの実家が練馬区にあるとわかった。石井記者がすぐに飛んでいき、マネージャーが今住んでいるマンションの住所を聞き出した。本人の話が取れなければ、せめてマネージャーに確認しようというわけだ。

場所は、世田谷区の三軒茶屋。まず松葉記者が張り込んだが、いくら待っても帰ってこない。夜九時を過ぎて、石井記者と交代させることにした。松葉記者は編集部に戻って、翌日の朝までに原稿を書かなければならないからだ。

松葉記者から編集部の私宛てに、沈んだ声の電話が入った。

「いま石井さんと交代して、編集部に上がります」

そう言った途端、彼の声が裏返った。

「ちょっと待って！　本人が来た！　またかけます」

何が起こったのか、私にはわからない。本人とは、マネージャーなのか山﨑さんなのか。次の電話を待つしかない。

長い時間が過ぎ、再び電話があったのは三十分もたってからだった。公衆電話で話している松葉記者に背を向け、道のほうを見ていた石井記者が、向こうから歩いてくる山﨑さんを見つけたという。二度目の電話まで時間がかかったのは、山﨑さんが歩きながら、記者の問いかけに真摯に堂々と応じたからだった。

「祝福の希望が受け入れられるかどうかはまだわかりませんが、決まったらソウルに行きます。それは神の意思だと思っています」

「神を信じていますし、文先生を信じています」

「あなたは神様を信じないのですか？　統一原理を勉強してくだされば、せめて四十日勉強すれば、理解していただけると思うのですが」

山﨑さんはきっぱりと、自信に満ちた態度で信仰を告白したという。私の編集者人生で最も長い一年が、この日この瞬間から始まった。

ここから先に起こったことを、簡単にまとめておく。

一九九二（平成四）年

六月　山﨑浩子さんの統一教会入信と合同結婚式参加をスクープ（七月二日号）
八月　山﨑さん、桜田淳子さんらが参加して、ソウルで三万組の国際合同結婚式
九月　統一教会のダミー団体「アジア平和女性連合」の存在が明るみに（九月二十四日号）
　　　飯星景子さんの統一教会入信をスクープ（十月一日号）
十月　父・飯干晃一さんの「統一教会に宣戦布告」手記を掲載（十月八日号）
　　　飯干晃一さんの手記「娘・景子を取り戻した」を掲載（十一月五日号）
十一月　飯星景子さんの脱会手記「統一教会という迷宮を抜けて」を掲載（十一月十二日号）

一九九三（平成五）年

三月　桜田淳子さんの霊感商法への関与を批判（三月四日号〜三月十一日号）
　　　山﨑浩子さんが姿を消し、脱会に向けて家族との話し合いに入る
四月　山﨑浩子さんの脱会手記「統一教会も私の結婚も誤りでした」を掲載（四月二十九日号）
　　　脱会に尽力した山﨑さんの姉の手記「浩子を許せなかった　憎んだことさえありました」
　　　を掲載（五月六日・十三日合併号）

抜き出したのは、TVのワイドショーなど他のメディアが血眼で追いかけてきたスクープ記事のみで、『週刊文春』が載せた統一教会関連の記事は、硬軟とりまぜ全部で数十本になる。そのほとんどが、有田芳生&本誌特別取材班によるものだ。日本中の関心を集めた統一教会騒動の一部始終は、すべて『週刊文春』のスクープを発信源としていた。

趣味の競馬にたとえるなら、スタートするや先頭に立ち、他馬に影すら踏ませないままコーナーを回り、最後の直線でさらに加速して馬群を突き放し、レコードタイムで圧勝したようなものだ。なぜ独走が可能だったのか。

その功績は、ほとんどの記事で執筆を担当した有田さんと、松葉仁、石井謙一郎の両記者、そして統一教会が引き起こす数々の反社会的な問題と長く取り組んできた全国の宗教関係者や弁護士、信者の家族や元信者たちにある。

有田さんが以前からこれらの人々と固い信頼関係を築いていたおかげで、すべての情報が彼のもとへ真っ先にもたらされたのだ。

私はただ、疾駆する馬の尻尾につかまっていただけだった。

合同結婚式の何が問題なのか

有田さんが統一教会問題に関わるようになったのは、一九八六(昭和六十一)年から一九八八(昭和六十三)年にかけて『朝日ジャーナル』が繰り広げた霊感商法批判キャンペーンがきっかけだ。一九九二(平成四)年五月に『朝ジャー』が休刊になり、私は江川紹子さんから有田さんを紹介された。

韓国発祥の統一教会が日本で布教を始めたのは、一九五八(昭和三十三)年。一九六四(昭和三十九)年に宗教法人の認証を受けるが、早くもその翌年には、朝日新聞が「親泣かせの原理運動」という記事で活動を批判している。

統一教会は信者に、文鮮明教祖夫妻を「真のご父母様」と呼ばせ、「信仰に反対する者は、実の親でもサタンだ」と教える。そのため、入信によって親子関係が断絶するケースが頻発した。加えて、学校や会社を辞めさせて教会の仕事に専従させる、「献身」と呼ばれるシステムがある。「献身」した信者は共同生活を送り、二十四時間のすべてを金集めの活動に充てるのだ。

「マイクロ隊」と呼ばれる経済部隊は、ワゴン車に五、六人が乗り込んで、乾き物などの珍味やハンカチなどを、朝から晩まで売り歩く。夜は公園のそばに車を止めてトイレと水道を借り、狭い荷台で頭と足を互い違いにして寝る。これを「餃子寝」と称するのだそうだ。そんな生活を数カ月も続けるのだから、睡眠不足が原因で事故を起こし、信者が命を落とすこともあった。

とくに問題視されたのが、霊感商法だ。「あなたやあなたの家族が幸せになれないのは、先祖が霊界で苦しんでいるからだ。解放してあげるためには、お金が必要だ」などと騙って、人々を恐怖と不安に陥れ、法外な値段で物品を売りつけ、献金を強要する。

被害者の資産が尽きるまで、印鑑、数珠、壺、多宝塔、絵画、宝石、着物、朝鮮人参の濃縮液など、ありとあらゆる物を売りつけるのだ。キリスト教の信仰とは無関係に思える物品が多いが、いずれも統一教会系企業が作っている商品だ。

統一教会の経典『原理講論』には「万物復帰」という教えがあり、地上のすべての財産は神様のものだから、神様に返さなければならないとされている。だから信者たちは、他人の財産を「再臨のメシア」文教祖に捧げることが、その人にとって救いになると信じて霊感商法に邁進するのだ。

統一教会が行ってきたマインドコントロールの恐ろしさが、ここにも表れている。

エバ国家である日本は、アダム国家である韓国に尽くさなければならない、という教えもある。かくして信者たちは、文教祖への毎月数十億円という送金ノルマを達成するため、すべてを捧げて働かされる。全国霊感商法対策弁護士連絡会の集計では、同会の発足から二十八年間に寄せられた相談件数が三万三千八百件、被害金額は千百七十七億円にのぼるという。ただしこの金額は、被害相談の合計にすぎない。実際はこの何倍もの額が、文教祖のもとに送金されたのではないだろうか。

霊感商法について統一教会は、「信徒団体が勝手に行っていること」と組織的な指示や関与を否定し続けたが、全国各地の民事裁判で、統一教会の組織的な不法行為の責任を認めて賠償を命じる確定判決が相次いだ。

二〇〇七（平成十九）年ごろから、警察による摘発も活発になった。しかし容疑は、軽微な特定商取引法違反や薬事法違反に留まっている。より重い詐欺罪で立件するには、騙す意思の存在が不可欠だが、信者たちは、相手が救われると信じて霊感商法を行っている。だから、詐欺罪には問えないのだという。

合同結婚式は、内部では「祝福」と呼ばれ、一九六〇（昭和三十五）年に始まった。一九九二（平成四）年の三万組で注目されて以降は、真偽はともかく三十六万組や四千万組などという天文学的な参加者数が発表されている。信者にとっては、ここに参加することが信仰の目標であり、統一教会にとっては金集めの一大イベントとなる。「祝福感謝献金」がひとりあたり百四十万円必要だからだ。

マッチングは文鮮明教祖が行うとされ、見ず知らずの相手と一生を共にすることになる。国籍や人種が異なるのは当たり前だし、まったく言葉が通じないカップルも珍しくない。しかし、教祖が選んでくれた相手こそ最高の伴侶と信じ込まされているから、拒否することなどありえない。

山﨑さんが脱会後に書いた著書『愛が偽りに終わるとき』で明らかにしたことだが、祝福希望者にはアンケートが配られ、たくさんの質問事項の中に「祝福希望欄」があったという。

・祝福を希望……する　しない
・国際祝福……可　不可
・黒人……可　不可

国際祝福とは外国人と日本人の組み合わせで、日本人同士のマッチングより大きな功労とされる。韓国人となら、さらに大きいそうだ。しかし、と山﨑さんは書く。

〈なぜ希望者のアンケートをとるのだろうか。七代前の先祖まで見てマッチング（相手を決める）をし、それが唯一の救いだとすれば、希望なんて聞いてる場合じゃないのではないか。お父様が与えてくれるその人を、どんな人でも受け入れるのが祝福というものだと思っていたのに。

何よりも『黒人……可　不可』という欄が気になって仕方がない。我々人類がすべて神の子だとすれば、なぜ、黒人という枠を設定するのだろう。

私は、その希望欄に何ひとつ手を入れることができなかった〉

祝福という儀式のまやかしを、鋭く見抜いたくだりである。

実際、合同結婚式に参加した元信者が「結婚の無効」を求めた裁判では、「婚姻の自由を侵害した」として、原告勝訴の判決や家裁の審判がいくつも出ていることを付け加えておく。

桜田淳子さんも参加を表明

『週刊文春』一九九二（平成四）年七月二日号に掲載された「新体操の元プリンセス山﨑浩子が統一教会に入信　ソウルで集団結婚」の早刷りコピーが出回るや、テレビのワイドショーやスポーツ紙は一斉に取り上げた。

発売日の二十五日夜、山﨑さん自身が記者会見を開き、合同結婚式に参加することを正式に表明する。芸能マスコミの次の興味は、以前から信者だと囁かれていた桜田淳子さんの動向に移った。

翌週の三十日火曜日、桜田淳子さんの記者会見が行われた。

早朝七時半という異例の時間だ。桜田さんは、信者であることを認めただけでなく、合同結婚式にも参加すると宣言。記者の質問が霊感商法に及ぶと、マネージャーがあわてて質問を打ち切ろうとしたが、桜田さんは「霊感商法は詐欺だとは考えていません」とまで言い切った。

『週刊文春』にとっては、校了日の朝という最悪のタイミングだったものの、急いで記事を差し替え、桜田ネタを二ページ入れた。会見のやり取りだけではテレビやスポーツ紙のあと追いになってしまうから、桜田さんが「理想の家庭」と呼ぶ姉夫婦が、霊感商法に深くかかわっている信者だという新情報を盛り込んだ。さらに、以前の所属事務所サンミュージックの相澤秀禎社長を追いかけ、単独取材に成功する。

「会見をテレビで見て、びっくりしましたよ。（中略）あれほどハッキリした形で言い切るとは驚きました」

と相澤社長は語ったが、実はこのとき、「絶対に書かないでくれ」という前提で教えてくれた話がふたつある。

ひとつは「淳子に勧められて、統一教会の講義に出たことがある」。もうひとつが「淳子の紹介で、二百万円の壺を買った」という秘話だった。重大な情報だったにもかかわらず、「書かない」という約束を守ったことが、相澤社長と長く良好な関係を結ぶきっかけとなった。

相澤社長は所属タレントにとことん優しいが、けっして節《せつ》は曲げない。その後、何回か酒食を共にしたが、桜田さんの溢れんばかりの才能と将来性を惜しみながらも、彼女の芸能界復帰を認めようとはしなかった。

「芸能人は夢を売るんです。それが、霊感商法などという反社会的な行為に関わってどうするのか。統一教会を辞めない限り、私は淳子を芸能界に戻すつもりはありません」

二〇一三（平成二十五）年に八十三歳で亡くなるまで、相澤さんはその姿勢を貫き通した。

統一教会は、山﨑・桜田に続いて、バドミントンの元日本チャンピオン徳田敦子さんにも合同結婚式への参加を表明させ、以後は「祝福三女王」と呼んで、広告塔の役割を担わせる戦略に出た。さらに「霊感商法など統一教会に批判的な報道をしたテレビ局には、三女王のお相手の情報は流さないし、合同結婚式当日の取材も許可しない」という。

しかし、TBSのワイドショー「モーニングEYE」を筆頭に、踊らされることをよしとしないメディアもあり、統一教会のマスコミ操作は、思惑通りにはいかなかったようだ。

『週刊文春』は一貫して、そんな流れの外にいた。報じ続けたのは霊感商法の実態であり、教義の異様さだった。たとえば、合同結婚式のあとに「蕩減棒《とうげんぼう》」という儀式がある。木刀のような棒で、まず新郎が新婦のお尻を三回叩く。次に、新婦が新郎のお尻を三回叩く。これは、アダムとエバが犯した罪を清算するためだから、手加減をしてはならないと教えられる。

そのあと、新婚初夜に当たる「三日行事」という儀式に臨む。もっとも神聖な儀式だから、祈禱の文言や、部屋の中で塩を撒く方角などが、細かく決められている。新婚カップルはこのあと、「聖別期間」と称する三年間の別居生活を送ることになり、晴れて家庭を持てるのは、ずっと先になる。

マインドコントロールされた信者たちは、かくも奇妙な儀式を粛々と行うのである。

地下鉄の駅で偶然の出会い

『週刊文春』は、八月二十五日に行われた合同結婚式には、ほとんど触れなかった。グラビアページのほかには五十行足らずの短い記事だけ。統一教会の集金イベントの尻馬に乗るつもりなど、さらさらなかったからだ。一連の記事はほとんど有田さんか松葉記者が書いていたが、この短い記事だけは私が書き、最後にこんな情報を付け加えておいた。

〈今、ワイドショーが必死になって追いかけているのは、肉体派の俳優Nと元キャスターで父親が作家のI。とくにIは次の合同結婚式の目玉になるといわれている。〉

Iとは作家でタレントの飯星景子さん、父親は作家の飯干晃一さん。この、わずか数行の短い情報が、とてつもなく大きな広がりを見せていくことになる。

きっかけは、有田さんが地下鉄の駅で、偶然出会った女性に声をかけられたことだった。

「アジア平和女性連合という組織をご存じですか？　統一教会が隠れ蓑にしている組織なんです」

話を聞いてみると、その組織は、アジアから日本に来ている留学生を支援することを名目とした、女性だけの団体だという。会員から入会金と会費を集めるほか、チャリティイベントを開いて寄付を募る。ところが、集まっているはずの金額に比べ、留学生への給付額が少なすぎる。収支報告を求めてもまともに対応せず、使途不明金がある。やがて背後に統一教会がいることを知り、広告塔に使われた著名な女性たちが続々と会を辞めているという。

著名な女性たちとは、シャンソン歌手の石井好子さん、大槻文平・日経連会長のたか夫人、故・湯川秀樹博士のスミ夫人、声楽家の松田トシさん、伍堂輝夫・元日本航空会長の英子夫人など、そうそうたる顔触れだ。イベントでは、鈴木俊一・東京都知事の敦子夫人が来賓として挨拶したこともあるという。

ところが会長を務めているのは、日本統一教会の小山田秀生・会長代理の妻、統惠夫人。総裁は、文教祖の妻、韓鶴子夫人。チャリティコンサートには、ペギー葉山、伊東ゆかり、由紀さおり、サーカス、チョー・ヨンピルなどが参加している。

取材を重ねるうち、この団体のイベントで、桜田淳子さんが講演していたことも明らかになった。

統一教会が隠れて経済活動を行うために、多くのダミー団体を抱えていることはよく知られていたが、この団体の活動実態はほとんど表に出ていなかった。韓国の統一教会が発行する『統一世界』で、韓国アジア平和女性連合の崔元福会長がこう語っている。

「アジア平和女性連合は文鮮明総裁によって一九八七年に日本で組織され発展してきたもので、文総裁が唱えている世界的思想である神主義を基底にしたものであります」

広告塔に利用された日本の著名人たちに、そんな事情は説明されていない。

会員は公称一万五千人。これほどの数の女性が一万円払って入会し、毎月の会費三千円を払っていたのは、趣旨に賛同し、顧問に名を連ねる著名人を信頼したからだろう。それだけに、名声を利用された女性たちは、統一教会に対する激しい怒りを隠そうともしなかった。

〈「まったく腹が立ちます。こんな目にあったのは生まれて初めてですよ」

シャンソン歌手の石井好子が怒りをぶつける。

「アジア平和女性連合という会に入ったのは、アジアの留学生を支援すると聞いたからです。私も留学したことがあり、留学先ではずいぶんお世話になりましたから、日本に来ている留学生に何かできたら、と思って協力する気になったんです。ところが、あの統一教会のやっている団体だと最近になって知りまして、六月に配達証明で退会届けを出しました。現在はまったく関係がありません」

「非常に迷惑しております」と口を揃えるのは、この会で講演やコーラス指導をしたことがある松田トシだ。

「最近ずっとテレビで統一教会のことが報道されていて、私の信頼する知人から、アジア平和女性連合は統一教会と関係の深い団体だと教えていただきました。いまは一切お断り申し上げまして、全く関係がありません。九月二十四日に行われる東京ドームの集会でコーラス指導を頼まれましたが、もちろん出るつもりはありません」〉

合同結婚式が終わってひと月後に掲載したこの記事、「石井好子・大槻文平夫人らが統一教会『隠れ団体』に続々絶縁状」は、大きな反響を呼んだ。多くの女性読者から問い合わせや、「知らなかった。私も騙された」と訴える電話が編集部に寄せられたのだ。

そして、この取材の過程で、一九九二（平成四）年の三月、東京の全日空ホテルで開かれたアジア平和女性連合のイベントで、飯星景子さんが司会をしていたことが判明する。飯星さんと統一教会との関係は、ＴＢＳのワイドショー「3時にあいましょう」のキャスターだった蓮舫さんからも、有田さんに伝えられていた。合同結婚式が終わってひとつの山を越えた取材チームは、それと気づかぬうちに、次の山を登り始めていたのだ。

暗躍する女性スタイリスト

飯星さんについて調べるうち、奇妙な記事が目に留まった。『サンデー毎日』の「飯星景子、石川小百合を引き抜いた謎の占い師」という記事だ。石川小百合さんは当時、フジテレビ「プロ野球ニュース」の人気キャスターだった。記事は、「Iという大物霊感師が飯星さんと石川さんに信頼され、改名や仕事の相談に乗っている。二人は勧めに従って事務所を辞め、Sという女性スタイリストの作った新しいプロダクションに入ることになった」という内容だ。

調べてみると、Sは現役の統一教会員で、何人もの女性タレントを勧誘している。Iのような占い師を紹介することで自分を信用させ、統一教会に誘っていたのだ。

飯星さん、石川さんのほか、人気タレントの宮崎ますみさんや南野陽子さんの名前も浮上してきた。直接確認していくと、宮崎さんと南野さんは本人が取材に応じ、Sの誘いを断わったことを明かした。石川さんも、正直にこう答えてくれた。

「Sさんからビデオを見せられて、統一教会に誘われたことはありますが、私の感覚に合わないのでお断りしました。飯星さんのことは、私の口から申し上げるわけにはまいりません」

残る飯星さんは、FM東京の生放送でDJを務めている。松葉記者と石井記者は、放送終了後にFM東京の出入り口で本人をつかまえるつもりだった。文春とFM東京は、歩いて五分の距離だ。編集部内の仮眠ベッドにひっくり返って、のんびり生放送を聴いていると、飯星さんがいきなり、

「この番組は今日が最終回で、私は明日からニューヨークに行きます」

と宣言したのだ。二人は急いでベッドから飛び起き、FM東京の出入口で本人をつかまえたのだが、

「統一教会?　なんのこと」

と、はぐらかすばかり。十数人のFM東京スタッフにガードされ、飯星さんはタクシーで姿を消した。

これまで入手した情報に、直撃したスタイリストSとのやり取りを加えた十月一日号「次の集団結婚の目玉?　飯星景子・石川小百合・宮崎ますみを統一教会に誘った有名スタイリスト」は、九月二十四日に発売された。

闘う父親の宣戦布告

発売当日の夕刻、編集部に一本の電話がかかってくる。

「飯干というものですが、統一教会の取材班の方をお願いします」

担当デスクの私が代わると、景子さんの父親、飯干晃一さんだという。開口一番、

「私は宣戦を布告します」

と言われたから、驚いた。飯干晃一さんといえば、元大阪読売新聞の社会部記者。作家に転身してからは、映画化されて大ヒットした『仁義なき戦い』や『山口組三代目』『日本の首領』など暴力団をテーマにした実録小説を、綿密な取材に基づいて書いている。そんな恐ろしい人が、『週刊文春』に宣戦布告?　心臓が止まるかと思ったが、話を聞いてみれば、宣戦布告したい相手は統一教会だという。

私はほっと胸をなで下ろし、飯干さんの話に耳を傾けた。

「今週号の記事はきわめて正確です。私自身が調べた事実と、ほとんど一致している。だから私は、『週刊文春』を舞台に統一教会と戦いたい。

とにかく今夜、取材スタッフと一緒に自宅へ来ていただけないか。いまマスコミ各社の取材が殺到しているから、インターホンには応じないことにしている。ドアを三回、二回、一回の順にノックして下さい」

その夜、有田さん、私、松葉、石井の四人は、大きな紙袋二つに『原理講論』などの書籍や関連資料を詰めて、飯干さんの自宅を訪ねた。そのときの飯干さんの話に、四人は激しく胸を打たれた。

「私は、娘を統一教会から取り戻すために戦うのではない。宗教マフィアである統一教会を潰すまで戦う決意です。娘が統一教会から帰ってこなければ、たとえ娘を敵に回すことになっても、私は戦い続けますよ」

愛する娘を取り戻したいだけなら、むしろ表に出ないほうが賢明だ。統一教会は、信者の親を「反対派」と見なして警戒すればするほど、子どもとの接触を断とうとするからだ。子どものほうも、反対する親を、「サタン」として強く憎むように仕向けられる。

しかし飯干さんは、娘を引っ張り込んだ統一教会の実態を調べ上げ、その欺瞞に気づく。娘を取り戻すだけでは根本的な問題解決にはならない、と考えるに至ったのだ。

私は言った。

「まずは景子さんを取り戻すこと。それが、統一教会に与える最大のダメージだと思います。景子さんが離れるとなったら、統一教会のイメージダウンは測り知れません」

さしあたって、次号に「宣戦布告の手記」を書いてもらうことで、話はまとまった。ところが、話し合いの最後に、飯干さんから驚くべき提案がなされたのだ。

「私を一取材記者として、取材班に加えていただきたい。じつは、最初からそのつもりで協力をお願いしたのです」

大歓迎ですと答えたものの、まさか、というのが正直な気持ちだった。

しかし、飯干さんの言葉に偽りはなかったことを、私はすぐに思い知らされる。景子さんが通っていた統一教会の小山田会長代理の自宅住所を、問われるままに教えたところ、飯干さんは翌日から張り込みを開始。小山田氏の自宅前で四時間以上も待ち続け、ついに本人をつかまえ、話を引き出してみせたのだ。

「娘　飯星景子を奪われた父・作家　飯干晃一が統一教会に宣戦布告」は、十月八日号に掲載された。

飯干さんの思いは、以下の部分に集約されている。

〈今、私はきっぱりと統一教会に宣戦を布告する。この教団と命をかけて戦っていくことを宣言する。（中略）

私はこれまで、作家としての半生をかけて組織暴力と戦ってきた。暴力団の反社会性を暴き糾弾することが、私のもっとも大きな仕事であった。

　暴力団は肉体の暴力をもって、自らの経済的、政治的な目的を満たそうとする組織であるが、統一教会は精神的な暴力をもって経済目的、政治目的を遂げようという組織である。

　こういう組織と戦わずして、どうしてわれわれが平穏な生活を送ることが出来るだろう。

　今回の事件が起きなければ、私も傍観者の一人であったかもしれない。娘が目を覚まし、教会と縁を切ることを何よりも願っていることでは、他の親御さんと変わるものではない。だが、娘を思う父親の心情を越えて、私は彼らを許すことが出来ないのだ。

　娘が「統一教会の歩く広告塔」として利用されることを阻止しなければならない。もしも、彼女がＰＲに利用されることがあれば、他にも騙されたり被害に遭う人が出てくるからだ。〉

　宣戦布告の原稿は締め切り前日の朝に届き、その夜、小山田会長代理を直撃取材した際のやりとりがファクスで送られてきた。すぐに飯干さんに電話し、

「よく小山田氏に接触できましたね。どこの社も取材できなかった相手ですよ。顔も知らなかったでしょう？　それをつかまえて、ここまでしゃべらせたとは驚きです」

　私が言うと、飯干さんは「いやいや、大したことじゃない」とテレながらも、飯干流取材術の一端を披露してくれた。

「顔を知らない相手に声をかけるとき、『小山田さんですか』では『いいえ』と返されておしまい。『小山田さんですね』といきなりおっかぶせてしまうのが秘訣なんだ。それと〝景色に溶け込む張り込み術〟ね。いやあ、久しぶりに元社会部記者の血が騒いだよ」

原稿の最後に、私は〝飯干記者〟と小山田氏の一問一答を付け加えた。

〈――飯星景子がアジア平和女性連合と関わりを持ったのはいつですか？

「今年三月、東京全日空ホテルでアジア大会有力会員らの会があった時に司会をしてもらったのがはじまりです」（中略）

――今、飯星景子はどこにいますか？

「ニューヨークです。二十日ごろ東京を発って、二、三日ロスに滞在し、そのあとニューヨークに行ったようです」（中略）

――全日空ホテルで司会して以来、飯星景子はアジア平和女性連合とどのような関わり合いをしていましたか？

「日曜日に大学教授やアジア問題の専門家を呼んで、勉強会がある。それに出席されていました。非常に頭がよくて、出席の先生方も注目していました」（後略）〉

テレビや雑誌の記者ならともかく、景子さんの父親にして著名作家の直撃を受けたのでは、統一教会の幹部も真面目に答えざるをえなかったのだろう。この直撃取材に慌てた統一教会は、こぶしを振り上げた父親をなだめるため、ニューヨークからただちに帰国せよ、と景子さんに指示することになった。

父と娘の話し合い

我々が届けた紙袋二つ分の書籍や資料を、飯干さんは、ほぼ連日徹夜を続け、一週間ほどですべて読み上げた。知識と情報を頭に詰め込んだ飯干さんは、帰国した景子さんを統一教会から脱会させるべく、話し合いに入るという。この時点で、信者の脱会カウンセリングに長年携わってきたキリスト教関係者を紹介して、話し合いに参加してもらうこともできた。

脱会に向けた話し合いはあくまで家族が中心になって行うもので、カウンセラーは補助役にすぎない。家族には、真剣に話し合いに臨む覚悟が求められるし、統一教会の教えの間違いを共に学ぶために、相応の勉強も必要になるからだ。

一方、統一教会の信者は、脱会カウンセリングに備えて「対策」と呼ばれる特別の講義を受け、理論武装をしている。しばしば「偽装脱会」という詐術も使う。説得に応じて脱会したフリをして家族を安心させ、隙を見て統一教会へ舞い戻ってしまうのだ。マインドコントロール下にある信者を説得し、脱会させることがどんなに困難か、取材チームも十分に承知していた。

それでも飯干さんは「自分だけで説得する」と言い、夫人と景子さんと共に、しばらく消息を絶ってしまう。

連絡が途絶えた飯干さんから電話があったのは、一週間後のことだ。

「娘は落ち着いたようです。脱会したという手記を書くし、すぐに記者会見を開いてもいいと言っている。皆さんで、会ってみてもらえませんか」

すぐにでも、品川にある高輪プリンスホテルに来てほしいという。まだ携帯電話のない時代だ。自宅にいた有田さんをつかまえ、松葉記者と石井記者をポケットベルで呼び出した。

二時間後、私を含む四人はホテルの一室で、飯干さん夫妻と景子さんに向き合っていた。

「さあ、なんでも聞いてください」

にこやかに両手を広げながら、飯干さんは言った。夫人の表情も穏やかだった。親子三人で、六十時間に及ぶ話し合いをしたという。景子さんは緊張と疲労のためか、黒の帽子を目深にかぶり、表情を固くしてうつむいている。

有田さんが景子さんに、なぜ統一教会を脱会すると決めたのか、心境の変化を尋ねていく。冷静に論理的に。景子さんの口からは、「蕩滅《とうげん》」や「食口《しっく》」といった統一教会用語がたびたび飛び出す。「蕩滅」とは罪を清算することであり、「食口」は信者を指す言葉だ。

「それは統一教会の内部で使う言葉ですね」

有田さんが静かに指摘すると、夫人の背筋がスッと伸び、隣に座る景子さんの顔を前から覗き込む。

「教えから抜け出したなら、そういう言葉は使いたがらないはずなんです」

有田さんが続けると、飯干さんの表情も険しくなっていく。霊感商法についてどう思うかと尋ねても、景子さんは「信じられない」とか「ピンとこない」とはぐらかすばかり。脱会の決意など、少しも感じられない返答だ。

これが偽装脱会なのか……。私は、意を決して言った。

「景子さん、『週刊文春』としては、あなたの手記は喉から手が出るほど欲しい。しかし今のままでは、残念ながら書いていただくわけにはいきません。掲載すれば、雑誌は売れるでしょう。

けれども、統一教会と訣別することを正直に告白するものでなければ、協力はできません。ただちに記者会見を開くというなら、それはあなたの判断でなさることです。しかしその状態で会見に臨めば、傷つくのはあなた自身ですよ」

景子さんは何も答えない。しびれを切らした飯干さんが、

「親を取るのか、統一教会を取るのか、はっきりしてくれよ」

と口を開く。景子さんは我々四人に、

「皆さん、席を外してくれませんか」

と、静かに告げた。

「あなたの手記は喉から手が出るほど欲しい」というのは私の本音だったが、致し方ない。記者会見など開こうものなら、景子さんは厳しい質問に立ち往生し、間違いなく大混乱になるだろう。統一教会サイドから「偽装脱会で父親とマスコミを騙し、手記を書いて記者会見をしたら、また戻ってきなさい」と指示されていたことは明白だった。

別室でしばらく待機していると、飯干さんがひとりで現れ、力なく言った。

「家内が、しばらく二人で話すと言ってるんで……。手記と記者会見は延期して、明日からまた話し合いを続けることにしましたよ。ただ、もう私だけでは無理かもしれない」

翌日、飯干さんから電話が入る。

「統一教会に詳しいキリスト教関係者を紹介してほしい」

前夜遅くまで家族三人で話し合ったとき、景子さんが、

「私は統一原理の勉強を続けたい」

と宣言したのだという。

私はすぐ、宮村峻さんに連絡を取った。脱会カウンセリングの専門家にはキリスト教の学者やプロテスタントの牧師が多いが、宮村さんは都内で広告代理店を営む異色の人物だ。恩師の娘が入信したのをきっかけに統一教会問題に深くかかわり、我が子が入信してしまった家族の相談相手となって、何十人もの若者を救い出してきた実績の持ち主である。

有田さんの紹介で初めて会ったときの印象は強烈だった。私が勝手にイメージしていた穏やかなキリスト者とは異なる人で、服装にはまったく構わず、ネクタイを締めた姿など想像もつかない。長めの髪は軽く櫛を入れた程度で、薄く色のついた眼鏡の奥の細い目が時折キラリと光る。

統一教会が「サタンの親玉」と呼ぶだけあって、存在感たっぷりの独特な風貌だ。当時は大変なヘビースモーカーで、煙草をひっきりなしに吸いながら、甲高い声でズケズケとものを言う。

「文春さん、本当にやる気があるんですか？　統一教会は手強いですよ。途中で逃げ出すなんてことにはならないでしょうね？」

取材班との打ち合わせの場でも、宮村さんの当時はまだ珍しかった携帯電話は鳴りっ放しだ。我が子と脱会の話し合いをしている最中の親や親族、サポートしている元信者からの連絡や報告はもちろんのこと、全国各地のカウンセリング関係者から相談や問い合わせの電話がひっきりなしに入る。そのたびに宮村さんは席を立ち、一本一本の電話に丁寧に対応するのだ。

初めて明かすが、宮村峻なくして、一連の統一教会批判キャンペーンは成立しなかった。長年の経験に裏打ちされた正確な情報、詳細なデータ、的確な判断、そして何よりも、マインドコントロールされた若者を一人でも多く救出したいという情熱、それが一年に及ぶキャンペーンを支えてくれたのだ。

その宮村さんに、

「だから言わんこっちゃない」

と返され、私は言葉に詰まった。飯干親子の状況を折にふれて伝え、助言をもらうたびに、

「飯干さんが真剣に学んだことは認めます。簡単にできることじゃない。だけど、親が説得を試みても、こじらせるだけだよ」

と警告されていたからだ。

統一教会という迷宮

飯干さんが宮村さんに会い、「お願いします」と頭を下げたことで、局面は大きく動き始めた。

脱会カウンセリングには、統一教会の元信者も携わる。信者だった当時の経験と、誤りに気づいた経緯を語り、カウンセラーと共に、『原理講論』を聖書と照らし合わせながら、嘘やねじ曲げを丁寧に指摘していく。統一教会の間違いを認め、自分が騙されていた事実を受け入れるまで、信仰が深い信者ほど、より多くの時間が必要だという。

その点、信仰歴の浅い飯星さんは、抜け出すのも早かった。最初の一週間こそ、両親との日常

会話には応じるものの、話し合いになると黙り込む。専門家や元信者と話すことは拒否する、という態度だったが、

〈「お前はまだ隠し事をするのか」と言って私は憤然として部屋を飛び出した。妻が泣き出し、景子は「お母さん泣かないで」と取りなしたが、妻は「ほっといてちょうだい」と彼女を突き放した。

彼女はいったん自分の部屋に戻ったが、再び私たちのところにやってきて、初めて「もう一度、話し合いたい。元信者の人たちとも話したい」と言ったのである。

これが彼女が心を開くきっかけになった。〉

十一月五日号に掲載した「飯干晃一独占手記『私はついに娘景子を取り戻した』」の一節だ。

飯干さんは、統一教会側の書籍や資料、反統一教会側の書籍や雑誌の批判記事などを、そのまま景子さんに委ねた。

〈彼女がニューヨークに行っている間に私が集め、夜を徹して読み込んだ資料である。両者の主張を読み比べ、自分の頭で検証し、判断してほしい。そういう考えから、私は資料を選んだりせず、全ての資料を彼女に手渡したのだ。

今度は、彼女が夜を徹して読むことになった。彼女はむさぼるように、資料を読み続けた。

揺れ動いていた景子の心は次第に安定し、それこそ薄紙が剝がれるように、統一教会の教えから離れていくのがわかった。〉

翌週の十一月十二日号には、景子さんの独占手記「統一教会という迷宮を抜けて」を掲載する。

週刊誌としては異例の十ページ。その号が発売される十一月五日に、本人が記者会見を開くという段取りも決めた。

景子さんは作家としても知られていたから、書き上げた手記は見事な内容だった。例のスタイリストSに誘われ、引き込まれていく経緯から、統一教会の欺瞞に気づき、両親の愛情に打たれて脱会を決めるまでが、わかりやすく落ち着いた筆致で書かれている。

景子さんは最初から特別扱いだったから、一般の信者なら誰もが従事させられる霊感商法や珍味売りの経験がない。話し合いの場で元信者が語る過酷な体験談に心を揺さぶられた景子さんは、何が本当なのか、とにかく話を聞いてから判断すればいい、と考えるに至った。

〈それから私は真実を知ることとなった。

父親はこの頃の私について、薄紙が剝がれてゆくように、と表現したが、私としてはまさにかさぶたがベリベリと剝がれてゆくような気分であった。

私は原理講論で使われている聖句を、聖書を通してじっくりと読んでみた。そして、統一原理が引用している聖句がいかにねじまげられて使われているかを理解し、統一教会の教理がどれほどずさんで、でたらめであるかを検証したのである。〉

脱会の手記をまとめることには、自分自身の気持ちや考えを整理する意味もあるようだ。書き直してもらうところは、何もない。日ごろ辛口の宮村さんも絶賛した。ところが意外なことに、父と娘との間でバトルが再発する。

問題になったのは、手記の次のくだりだ。

〈父親の顔は憔悴しきっていて、十歳ほど歳をとって見えた。〉

〈本当に心底疲れ切った表情で父親は私に言った。〉

「頼むから、皆さんと話をしてくれよ」

その声は今まで娘として聞いたことのない消え入りそうな弱々しい声だった。〉

娘を取り戻すと共に、本来のダンディさと元気を取り戻した父が、

「オレは憔悴なんかしていないし、弱々しい声なんか出していない。ここを削ってくれ」

と言い張ったのだ。娘は、「私にはそう見えてそう聞こえたんだから、こう書くのは私の自由」と一歩も引かない。原稿を前に、目の前で闘わされる激論は、こちらが縮み上がるほどの迫力だ。

しかし最後は、「自分の目で見て、自分の頭で考えることが大事だ」と教えてきた父が譲らざるをえず、元の文章のまま掲載されることになった。

われら父親は闘う

飯干さんは統一教会に「宣戦布告」をした記者会見で、「娘を取り戻しても、戦いはやめない。この宗教マフィアを潰すまで戦う」と拳を振り上げた。そうは言っても、景子さんが帰ってくれば一安心。心身を休めてからの話だろうと思っていた。ところが、振り上げたその拳が下ろされることはなかった。

全国霊感商法対策弁護士連絡会は、統一教会による被害の救済と根絶を目的に、半年に一度、

大きな集会を開いている。飯干さんは毎回、ゲストではなく参加者の一人として、弁護士や宗教関係者や現役信者の父母に交じって会場の隅に座っていた。入信した子どもをもつ全国の親たちからの手紙に、一通一通、丁寧に返事を書き、諦めてはいけないと励ました。

そして、少しでも時間ができると、渋谷区松濤にある統一教会本部に足を運んだ。見ず知らずの若い信者がやって来ると喫茶店へ誘い、「君は間違っているぞ」と説得を試みるのだ。教会本部から何人もが血相を変えて飛んできて、信者を連れ帰ることもあったという。のちに脱会した元信者によれば、「今日は表に飯干さんが来ているので、皆さん裏から帰るように」との通達さえあったそうだ。

著書『われら父親は闘う 娘・景子を誘いこんだ統一教会の正体』が出版されたのは、翌一九九三（平成五）年の四月。「われら父親」というタイトルに、飯干さんの思いが込められている。

当時、有田さんの事務所は神田神保町にあり、白山通り沿いの北京亭という中華料理屋の常連だった。上海出身の老夫婦が営む小さな店だ。奥さんが、テレビでよく見る飯干さんの大ファンで、有田さんが飯干さんを連れていくと、大喜び。

飯干さんもこの店を愛し、ふらりと神保町に現れては有田さんを誘い出した。めっぽう酒の強い二人は、この店名物の砂肝の唐揚げや餃子をつまみながら、文君酒や四川大曲酒という薫り高い白酒を、小さなグラスでクイクイあおる。アルコール度数が五十度もある酒で、私などは一杯飲んだら腰が立たなくなってしまう。横で眺めているしかなかったが、酒豪二人は飲みかつ食い、有田さんはごく冷静に、飯干さんは大音声で統一教会批判を繰り広げるのだ。

一九九六（平成八）年三月、飯干さんは急性心筋梗塞で亡くなった。まだ七十一歳。極度の疲労とストレスと、斗酒なお辞さぬ飲みっぷりが命を縮めたのかもしれない。夫人からの突然の知らせに、私は泣いた。受話器を握ったまま涙を流したのは、後にも先にも一度きりだ。

飯干さんは最期まで闘い続けた。あの人の言葉には、うそ偽りがまるでなかった。

ＶＩＰ待遇の広告塔

「こんなことは、一生のうち、最初で最後だよね」

飯星景子さんが脱会し、『週刊文春』で独占手記を掲載した直後、私は有田さんとしみじみ語り合った。景子さんが統一教会に誘われているという第一報を載せたのが、一九九二（平成四）十月一日号。脱会手記掲載が十一月十二日号。わずかひと月半の間に、事態は目まぐるしく展開し、景子さんの脱会で、ようやく二つ目の山を越えた。

この先に、三つ目にして最大の山が待ち構えていようとは、予想できるはずもない。それが、山﨑浩子さんの脱会だった。

入信したての飯星さんと違い、浩子さんには四年の信仰歴があり、合同結婚式にも参加している。さらに、ご両親ともすでに亡くなっているから、脱会に向けた話し合いを行うには、極めて困難なケースだと思われた。統一教会としても、父と娘の問題だった飯干家には積極的に介入できなかったが、今回は違う。相対者（合同結婚の相手）を前面に立てて、「拉致監禁・強制改宗」を主張する一大キャンペーンを仕掛けてくるに違いない。

しかし、三重県鳥羽市に住む長姉は諦めていなかった。

山﨑さんは三人姉妹で、末っ子が浩子さん。この年に母親を亡くしたばかりで、お姉さんには「私が親代わりだ」という意識が強くあった。『週刊文春』が浩子さんの合同結婚式参加を報じてから八カ月、お姉さんは、鳥羽から愛知県岡崎市（当時）にある日本基督教団・西尾教会まで片道三時間の道のりを、幼い子どもたちの手を引いて何度も通っていた。杉本誠牧師のもとで、統一教会に関する勉強と、浩子さん脱会の相談を続けていたのだ。

脱会を願う動機は、飯干さんとよく似ていた。浩子さんの脱会後に書いたお姉さんの手記は、こう始まる（九三年五月六・十三日合併号）。

〈私がなぜ浩子を統一教会から救出したか。妹可愛さの行動と思われている方が多いかもしれませんが、それは違います。

私は浩子を許せなかった。憎んだことさえありました。

統一教会の信者は珍味売りや霊感商法で眠る時間さえ与えられず、体を壊す人も多いと聞きます。ソウルの合同結婚式でも、一般の信者は二、三時間前から真夏のグラウンドに並ばされ、貧血で倒れる人もいたそうです。

しかし浩子は最前列で、マスコミに向けて笑顔を振りまいていました。信者の誰もが経験する苦しみを浩子はまるで知らず、VIP待遇にあぐらをかいて、平然と広告塔になっていた。それが私にとって、腹立たしくてならなかったのです。

霊感商法をやっていないから、直接の被害者は生み出していないかもしれません。でも浩子が合同結婚式に出ると表明したのを知って、安易な気持ちで入信してしまった若者が、何人いたことでしょう。しかも〝三女王〟などと持ち上げられ、信者たちの〝心の支え〟になっているとしたら？　そう考えると、彼女は加害者です。私は、居ても立ってもいられない心境でした。その思いが、私を今回の行動に駆り立てたのです。

きれいごとに聞こえるかもしれません。妹可愛さはもちろんあります。でもそれより先に社会的な責任から、私は決意せずにいられませんでした。〉

肉親の情として、とにかく妹を救いたいという気持ちはある。しかしそれ以上に、妹が霊感商法などの犯罪行為を行う団体に加担することが許せない。飯干さんとお姉さんの思いは共通していた。

古くから統一教会問題や信者の脱会カウンセリングに取り組んできた東北学院大学の浅見定雄教授（聖書学）は、のちに『週刊文春』（九三年四月二十二日号）でこう書いている。

〈私たちが説得を引き受けるのは、親族が本人を保護する動機が何であるかによる。

本人が被害者であるだけでなく、やがて加害者になるのを知っていながら、それを放っておくわけにはいかない——動機がこの一点に絞られるかどうかである。これ以外の利己的動機がある場合は、私たちは説得を引き受けない。
逆に、親族にそういう純粋な切羽詰まった動機があればこそ、本人は親族の悲しみと決意に圧倒されて、しぶしぶでも保護や説得に応じるのだ。〉
説得に応じて、浩子さんの脱会が成功すればいいが、うまくいかなければ、景子さんの脱会で統一教会に与えたマイナスイメージを、一気に挽回させる結果にもなりかねない。
『週刊文春』としても、初めから飯干さんと共闘し、事態の進行をすべて把握できた景子さんのケースとは違う。何ができるのか、どこまでできるのか、スタンスの取り方が難しい。

一九九三（平成五）年三月七日、山﨑浩子さんと姉、そして叔父と叔母は、静かな場所で話し合いに入る。統一教会側の妨害を防ぐために連絡を絶ったことは、世間には〝失踪〟と捉えられた。案の定、相対者のT氏らは記者会見を開き、集まった記者たちに、信者の脱会カウンセリングを行ってきた全国の牧師やキリスト教関係者十三人の名前と住所、電話番号まで書かれたリストを配った。

マスコミを使って、浩子さんの脱会カウンセリングに当たっている人物を調べさせ、居場所を突き止めようという狙いだ。

拉致監禁を声高に叫ぶT氏らを尻目に、『週刊文春』は、浩子さんがインタビューに答えている統一教会の内部ビデオを入手して分析。浩子さんは、まだマインドコントロールが完璧ではない「未熟な信者」であると報じた。飯干晃一さんに加勢を頼むと、二つ返事で引き受けてくれたから、「拉致・監禁は逆宣伝だ」と題する寄稿も併せて掲載し、統一教会側に徹底反論した。

浩子さんの自筆メッセージ

統一教会は信者に、「山﨑浩子さん救出のための特別献金」を呼びかけた。理由はどうであれ、何をするにもカネ、カネだ。全国各地の牧師やキリスト教関係者に対して、組織的な尾行や張り込みも始まった。有田さんや私たち取材班にも、尾行が付き始める。

とくに執拗だったのは、「サタンの親玉」宮村さんに対する監視と尾行だった。それこそ一日二十四時間、車に乗った若い信者が、宮村さんに張り付いて離れない。浩子さんと必ず接触するはずと、睨《にら》んでいたのだろう。

ある朝、宮村さんの自宅前に、いつもの尾行車が止まっていた。運転席の若い信者は、連日の張り込みの疲れで、ぐっすり眠り込んでいる。

すると宮村さんは、いきなりフロントガラスをコンコンと叩いて、信者に呼びかけた。

「おい、起きろ、出かけるぞ。付いてこなくていいのか」

「なぜ、そんなことを?」という私の疑問に、宮村さんは答えた。

「だって、可哀そうじゃないですか。宮村を見失ったと報告しようものなら、何をされるかわかったもんじゃない。信者のあの子たちに罪はないんだから」

脱会カウンセリングの現場には、宮村さんを手助けする元信者がたくさんいる。宮村さんが慕われる理由が、少しわかった気がした。

三月二十一日、有田さんの元へ、待ちに待った情報がもたらされた。浩子さんが、ついに脱会を決意したという。取材班は、お姉さんの鳥羽市の留守宅で、浩子さんの義兄に会い、この情報を確認することにした。

二十七日、有田さん、私、石井記者の三人が鳥羽へ向かう。沈黙を守っていた義兄が『週刊文春』に会うと知ったワイドショーやスポーツ紙の記者たちは、鳥羽で我々を待ち構えていた。そこには、統一教会の信者も紛れ込んでいたに違いない。義兄に会って、入手した情報に間違いはないと確認できただけでなく、とてつもなく大きなお土産を託される。浩子さんの自筆メッセージと、お姉さんたちと話し合いをしている現場の写真だ。

メッセージは、ごく短いものだった。

〈みなさま
大変ご心配をおかけしております。現在、姉とおじ、おばとで私の一生の問題について話し合いを続けているところです。
もうしばらくの間、静かに考える時間を下さい。
よろしくお願いします。

三月二十三日

山﨑浩子〉

浩子さんは自ら現況を公表することで、静かに話し合う環境をもう少し維持したいと望んだのだ。写真の中には、このメッセージを書いている浩子さんのカットもあった。

自筆メッセージと写真は、四月一日発売号に掲載した。

ところが発売前日、見本誌を入手した各メディアからの問い合わせが殺到して、どうにも収拾がつかない。やむなく、自筆メッセージのコピーと写真の複写を各社に配ることになったのだが、多くのメディアがそれだけでは満足せず、写真が撮影された状況など、細かい説明を求めてくる。

翌日の夕方、花田編集長と私で説明会を開くことになった。ところが、文藝春秋本社一階にあるサロンに、何十台ものテレビカメラがズラっと並んだから、まるで記者会見のようなありさまだ。テレビに出慣れている花田さんはともかく、私は性に合わない。といって、今さら引くわけにもいかなかった。

浩子さんの行方を追う各メディアの担当記者が、文春本社に集結していた同じ日の夜、重要な極秘作戦が進行していた。浩子さんとお姉さんが、それまで話し合いを続けていた名古屋近辺から、密かに東京都内へ移動したのだ。脱会を決めた以上、いずれは記者会見を開いて、自ら経緯を語らなければならない。そのためには、妨害を受けずに都内に移動しておく必要がある。

もうひとつ、切実な理由があった。三月十八日、浩子さんの叔父が都内の病院で公衆電話をかけている最中、脇に置いたカバンを盗まれてしまう。カバンには、浩子さんの脱会カウンセリングに当たっている杉本誠牧師に宛てた手紙が入っていた。

〝狙いすましたような〟この置引事件の直後、相対者のT氏は「背後で動いている人物について、かなり具体的なことがわかった」と発言。以降、杉本牧師周辺への尾行や張り込みが激しくなり、静かな環境を保つことが難しくなっていたのだ。

その後、この叔父の家からは盗聴器も発見されている。

幸いこの夜、統一教会側の注意も、花田さんと私の会見に向けられていたようだ。「文春の会見に、浩子さんも同席するらしい」という噂も流れていたから、統一教会系の新聞「世界日報」の記者などが、文春の社屋周辺をウロウロしていた。

移送作戦は無事に完了し、浩子さんは都内のホテルに入った。頭と心を整理する最後の仕上げは、飯星さんのカウンセリングをした宮村さんが行うことになる。

合同結婚式を報じてから一年に及ぶキャンペーンも、いよいよ正念場を迎えた。

浩子さんが無事に脱会すれば、記者会見から手記掲載という道筋も見えてくる。しかし、説得が不調に終わり、信仰を貫くという結果になったら、ここまで独走してきた『週刊文春』への批判が一気に高まるだろう。メディアとしてあるべき一線を越えたと批判されても仕方がない。

私にかかるプレッシャーは、日増しに大きくなっていく。

今となれば笑い話だが、このころ私は密かに辞表をしたため、いつでも出せるように、自席の机に入れてあった。山﨑さんの説得が失敗に終わり、手記も取れないとなったら、私が責任を取って辞めるしかない。

じつは、山﨑さんの〝失踪〟から脱会に至るまで、花田編集長が口を挟んだことは一度もなかっ

た。「どうなってる?」と訊かれたこともない。指示されたのは、

「どんな内容でもいい。とにかく毎週続けてくれ」

という一点だけ。おかげで私は、自由に動き回ることができたのだが、そのぶん、責任の重さに何度も圧し潰されそうになった。キャンペーンにかかる経費も半端ではなく、百万単位の請求書を差し出したのも一度や二度ではない。そのたびに花田さんは、合計金額をチラっと見るだけで、顔色ひとつ変えずに黙ってサインをしてくれる。

それも私には、無言のプレッシャーとなっていた。

「これは平成三大手記のひとつだ」

私が山﨑浩子さんに初めて会ったのは、四月七日の夜だった。

浩子さんの脱会の決意は揺らがず、ようやく頭と心の整理も終えたのだ。私は、その場で手記の執筆を依頼し、浩子さんは快諾。記者会見を行って、自分の口から脱会の決意と経緯を公表する覚悟も明かしてくれた。

真っ直ぐな人。それが山﨑さんの初印象だ。

打ち合わせの場でも口数は少なく、淡々と経緯を語るだけで、情緒的な言葉はほとんど口にしない。それでいて、カウンセリングに関わった人たちへの感謝の気持ちは十分に伝わってくるし、ユーモラスな一面もある。

初対面の有田さんに、山﨑さんは、ニコッと笑ってこう言った。

「初めまして。有田さんのこと、ずっとサタンだと思ってました」

それからわずか四日間で、浩子さんは、コクヨの二百字詰め原稿用紙で八十枚の手記を書き上げる。一気に読み通した私は、思わず唸った。文句の付けようがない。わかりにくい部分も、書き直しをお願いしたい箇所もまったくない。入信から脱会に至る心情を素直にさらけ出した、ほぼ完璧な手記だった。

問題は長さだ。二百字詰め八十枚、四百字詰めにして四十枚。飯星景子さんの手記は約三十枚で十ページだったが、それでも週刊誌としては異例の長さだった。しかし、一行たりとも削りたくない。二週に分けて掲載するしかないのか。

私は花田編集長に訴えた。

「一字一句も直す必要のない完璧な手記ですが、四十枚あります。できれば削らないで、全文掲載したいんです」

花田さんは「原稿を読ませろ」とも言わず、即答した。

「きみがそこまで面白いと言うなら、何ページでも割く。一回で全文掲載しよう」

数日後、ゲラ刷りを読んだ花田さんは感嘆して言った。

「これは平成三大手記の一つだな」

あとになって、「ほかの二つは何ですか」と尋ねたときの、花田さんの答え。

「それは、これから『週刊文春』が取る」

洒落たセリフが似合う人だった。

「山﨑浩子独占手記　統一教会も私の結婚も誤りでした」は、「40枚一挙掲載」のサブタイトルを付けて四月二十九日号に掲載される。記事は、週刊誌としては前代未聞の十三ページの長さになった。

姉たちとの話し合いに応じると決めた場面を、浩子さんはこう書いている。

〈今まで気丈にふるまっていた姉が、涙を流し、声をふるわせながら怒鳴った。

「何が九カ月苦しんで来ただァ！　あんたに何がわかる！　私は毎日夢を見て来たんだョ、毎日。あんたを説得してる夢を見続けて来たんだ。ごはんを作ってる時も何してる時でも、一時もあんたのことが頭から離れなかったんだ。九カ月間毎日だョ。あんたはそれだけ神様のことを思ってきたのか！」

返す言葉がなかった。

「あっちこっち行って、お願いします、ヒロコを助けて下さいって言っても、誰もひきうけてくれなかったんだ。お姉さん、それは無理ですって。両親がいないのに、どうやって説得できますかって。これは家族の愛情でしか救えないって。親たちがどんなに必死になって牧師さんにお願いしてるか、あんたたちには、わからないでしょう！　一晩考えて決めなさい！」

可愛い子供たちを家に残して、私の為に必死に説得する姉。仕事まで辞めて、このことに関わっている叔父と叔母。その真剣さにウソはなかった。

でも、この人たちが真剣であるように、私もまた真剣なのである。

私は命をかけて信仰を貫きたいと思っているのだ。信仰をなくすぐらいだったら、神様の手によって、霊界に召してもらった方がいいとさえ思っているのだ。

私は負けない。たとえ何を聞こうとも、私の信仰は失われない。真剣勝負の戦いをしよう。

翌朝、姉に牧師さんを呼んでほしいと頼んだ。

そして、その日の夕方、牧師が訪れた。私は、三つ指をついて、少しばかり笑みを浮かべて出迎えた。

「ボクがサタンに見えますか?」

私は首をふった。誠実そうで嘘がつけないようなタイプに見えた。統一教会で言われているのとは、ちょっと違うなと思った。

「あなたは、統一原理を真理として信じているんですか」

「はい」

「真理とは、ぐらぐらしない、動かないものという意味ですネ」

「はい」

「そしたら、原理が本当に真理であるのか一緒に検証していきましょう」

「はい」〉

そして浩子さんは、統一原理が真理でないと知る。

〈何もかもがメッチャクチャだった。あまりにも、あまりにもいいかげんな聖書の引用、ねじ曲げ。文鮮明師の美談も、統一原理のルーツも、真っ赤なウソだった。

それが、反対派の資料だけだったら、信じられるものではない。しかし、統一教会が出している資料によってウソが明確になるのだから、話にならない。そして統一教会の表の顔と、裏の様々な顔、顔、顔。〉

〈頭はパニック状態だった。

「仕方のないことなんですョ。あなたたちはマインド・コントロールされてたんですから。情報をコントロールされ、心をコントロールされていたんです。そして、無意識に自分で自分をコントロールするように仕向けられていたんです。いったん、その思考回路にはまっちゃうと、なかなか、そこから抜けだせないんですョ」

牧師さんがそう説明してくれる。〉

この手記には、統一教会の呆れるほどの欺瞞が明らかにされている。

残された問題は、記者会見だった。これまで『週刊文春』は、飯干晃一さんや景子さんの会見を仕切ってきた。しかし今回、集まるメディアの数はケタ違いだろうし、統一教会側の妨害も予想される。文春だけでは、とても乗り切れそうにない。

協議の末、手記の掲載号が発売になる四月二十一日、早朝七時からTBSのGスタジオで行うことになった。この決定は、お姉さんの強い意向を反映している。前年六月以来、TBSの下村健一アナウンサーが、お姉さんと接触を重ね、信頼を得た。そこで、お姉さんから「一番親身になって心配してくれたのは下村さん。浩子がテレビに生出演するときは、下村さんの番組を一番にしてほしい」と強い要望があったのだ。

ＴＢＳで会見を行い、そのまま同局の生放送に出演すれば、移動の混乱を避けることもできる。最終的に、ＴＢＳで朝七時から会見。そのあと同局の「ビッグモーニング」と「モーニングＥｙｅ」に続けて生出演し、午後は他局の出演依頼に順次対応することになった。

結果としてＴＢＳは見事な警備体制を敷き、「トイレを貸してください」などと偽って入り込もうとする不審者を、ことごとく排除してくれた。

会見前夜、参加を希望するメディア各社にファクスで案内を送り、受付用の名簿を作り終えたのが、夜中の二時。くたびれ果てた松葉記者が「記者会見は取材するものであって、開くものじゃないですね」と愚痴をこぼしたのも無理はない。

私、松葉記者、石井記者の三人は、会社で二時間ほど仮眠をとり、朝五時にＴＢＳへ向かう手筈だったが、三人とも、あまりの緊張と不安で、なかなか寝つかれない。結局、一睡もできないまま、朝を迎えることになった。それでも浩子さんの胸中を思えば、我々の緊張などとは比べものにならないはず。やはり眠れないまま夜明けを迎えたというお姉さんに、石井記者が尋ねると、隣で浩子さんはすやすやと寝息を立てていたという。

ＴＢＳのＧスタジオに集まったメディアは何十社を数えたろう、カメラは何十台並んでいただろうか。山﨑さんは、何本ものマイクが並んだ席に座り、一斉に焚かれたスチールカメラの凄まじいフラッシュを浴びている。

私は、山﨑さんが「今でも統一教会を信じています」と語り始める幻覚に襲われた。

会見前に宮村さんが「大丈夫。心配ご無用です」と太鼓判を捺してくれたが、足の震えは止まらない。山﨑さんが「私は……」と切り出して、一瞬絶句した時には、心臓が喉から飛び出しそうだった。

「私は、統一教会の教えの誤りに気づきました」

と続けたのを聞いて、安堵のあまり、その場に膝から崩れ落ちそうになるのを必死で堪《こら》えた。山﨑さんは冷静に、ひと言ひと言、自分の言葉でゆっくりと話し始める。

このとき、TBSの近くに一台のワゴン車が止まっていた。中にはT氏をはじめ、統一教会の幹部らが顔を揃え、小型テレビの画面を見つめている。山﨑さんが脱会を否定し、「今も統一教会を信じています」と語り始めたら、すぐにTBSへ乗り込み、勝利の会見を行う予定だったという。

桜田淳子さんと徳田敦子さんは車に同乗せず、渋谷の本部近くのマンションで、テレビの生中継を見つめていた。脱会を宣言する山﨑さんの姿を見ながら、徳田さんは「頑張りましょう！頑張りましょう！」と気勢を上げたが、桜田さんは「次は私の番だわ」と小さくつぶやいたという。

当時TBSが土曜夜に放送していた「ブロードキャスター」という番組に、「お父さんのためのワイドショー講座」という人気コーナーがあった。各局のワイドショーがその週に扱った話題ごとの放送時間を集計し、ランキングを発表するという内容だ。山﨑さんの脱会問題は歴代二位で、二十六時間二十五分一秒。一位は同じ年の浩宮と雅子さまのご成婚で、二十八時間五分十六秒だという。

山﨑さんの脱会独占手記を掲載した『週刊文春』は、凄まじい売れ行きだった。発売の翌日、金曜日の午前中には、書店やコンビニ、駅の売店から一冊残らず消えてしまう。返品率一・八％。搬送中に破損したものを除けば、ほぼ完全に売り尽くしたことになる。この驚くべき数字は前代未聞、今も破られていない。

脱会後の二人

コメントされる側から、する側へ。迷宮を抜けた飯星景子さんは、ほどなく、午後のワイドショー「ザ・ワイド」（日本テレビ系）のキャスターに抜擢された。メイン・キャスターの草野仁さんに高く評価され、高視聴率を稼ぐ原動力となる。

その後、「ザ・ワイド」の向こうを張った、「たかじんONE MAN」（毎日放送）の「ザ・まいど」のコーナーに出演すると聞いて、なんだか嬉しくなった。関西出身の景子さんには天性のユーモアがあり、弁舌爽やかで頭の回転も速いから、生放送の司会やコメンテーターにうってつけなのだ。

山﨑浩子さんの場合、復帰への道のりは必ずしも平坦ではなかったようだ。脱会騒動の主役となったことが影響したのか、新体操スクールはやむなく閉鎖。一九九六（平成八）年から二年ほど、舞踏劇に出演していたこともある。セリフは一切なく、ダンスだけで表現するという異色の試みで、私は「TUSK 牙」「MOON TRIBE 月の一族」の二作を観に行ったが、新体操で鍛えた山﨑さんの体のキレは群を抜いていた。

といっても、スポーツの世界から離れたわけではない。いつのことだったか、山﨑さんから電話があり、「スポーツコラムを書きたいんです。『Ｎｕｍｂｅｒ』編集部の方を紹介していただけませんか」という。私は、文藝春秋が発行するスポーツ誌『Ｎｕｍｂｅｒ』の設楽敦生編集長に引き合わせた。

「さまざまな競技のアスリートや指導者に会って、コラムを書きたいそうです。この人は書ける人だと、私は思います」

設楽さんは腕組みして、少し考えたあと、言った。

「あなたの手記は読みましたよ。アポ取りも取材も執筆も、あなた一人で全部できるなら、来週からでも始めてください」

この即断即決には、頭の下がる思いだった。山﨑さんは東奔西走、あらゆるジャンルのスポーツ関係者に接触し、インタビューして一ページのコラムにまとめた。

なかでも印象に残っているのは、ジャイアンツの長嶋茂雄監督だという。長嶋監督に会いたいが、球団の広報を通してでは、話は進みそうもない。ある日、ミスターが川崎市多摩区にある読売ジャイアンツ球場へ二軍の練習を見に来ると聞いた山﨑さんは、アポなしで接触を試みる。現地で球団スタッフに事情を説明すると、

「ちょっと難しいと思うけど、いちおう監督に言っておくね。練習が終わったら、ベンチのあたりで待ってて。ダメだったらごめんなさい」

という返事。言われた通りに待っていると、突然ミスターが現れ、ドカンとベンチに座ると、こう言った。

「おお、浩子ちゃん、大変だったねえ。今日は何？　何を聞きたいのかな？　何でも聞いていいんだよ」

以前にアスリートが集まる席で挨拶したことはあるが、親しく口をきいたわけではない。それなのに長嶋監督は、開けっ広げで、じつに温かい態度で接してくれたという。

脱会騒動からおよそ十年が過ぎた二〇〇四（平成十六）年、アテネ五輪の新体操強化副本部長に就任してからの活躍ぶりは、ここに記すまでもないだろう。日本体操協会の理事となり、四年後の北京五輪では、新体操強化本部長としてフェアリージャパンを率いることになる。二〇一二（平成二十四）年のロンドン五輪で、そのフェアリージャパンが十二年ぶりの団体入賞（七位）を果たしたのは、記憶に新しい。


私は一九九三（平成五）年六月、山﨑さんの脱会手記を置き土産に、『週刊文春』から月刊誌『マルコポーロ』へと異動する。

私が異動した後も『週刊文春』は、日本から韓国への多額の送金問題、合同結婚式で韓国へ渡った日本人花嫁の悲劇など、統一教会を批判し追及する記事を掲載し続けた。

二〇一二（平成二十四）年、文鮮明教祖が死去。

「理想家庭」と称えられた文教祖のファミリーは、利権を巡って内輪揉めを繰り返し、組織は四分五裂のありさまだ。日本の統一教会は、二〇一五（平成二十七）年に「世界平和統一家庭連合」と名称を変え、アジア平和女性連合は、「世界平和女性連合」と名乗ることになった。

一連の批判キャンペーンが統一教会に大きなダメージを与え、マインドコントロールの恐怖を広範囲に伝えることができたのは間違いない。しかし、霊感商法や高額な献金被害は今も続き、合同結婚式も断続的に行われている。時代は変わろうとも、新興宗教に救いを求める若者は後を絶たないのだ。

脱会騒動から二年たった一九九五（平成七）年、さらに過激な宗教集団、オウム真理教が牙を剥いた。総選挙での敗北以後、すっかり鳴りを潜めていたかに見えたオウムが、地下鉄サリン事件で日本人を恐怖の坩堝に叩き込んだのは、既述した通り。

このとき、再び日本人は、心を操られることの恐怖を思い知らされる。

§

大都市の中心部を襲った巨大地震、ポスト村山をめぐって混迷する政局、腐り切ったエリート官僚、そして未曽有の無差別大量殺人。九五年の日本を覆い尽くした社会不安に拍車を掛けたのは、日本経済のさらなる落ち込みだった。

九五年に囁かれ始めた「金融恐慌」「平成恐慌」は、九七年に入って、いよいよ現実のものとなっていく。再び『週刊文春』の目次を拾ってみる。

『あぶない銀行』徹底調査　全公開」（一月三十日号）
「ムーディーズがずばり予測　『日債銀』に続くあぶない銀行」（四月十日号）
「日産生命に続く　あぶない生保　緊急分析」（五月十五日号）
「体力ランキング徹底調査　あぶない証券会社」（五月二十二日号）
「あぶない」は倒産を匂わす慣用句となり、どこの週刊誌を開いても、この四文字が躍っていた。
十月に入ると、今度は「大不況」のオンパレードとなる。
「総力ワイド　大不況はここまで来た」（十月二十三日号）
「特集　大不況から身を守れ」（十月三十日号）
「この『大不況』に打つ手はあるか」（十一月二十日号）
「総力ワイド　この大不況でビジネスマンの断末魔」（十一月二十七日号）
十一月二十四日、ついに四大証券の一角「山一證券」が破綻して、日本経済は奈落の底へと沈んでいく。
私はこの年の七月二日付で、『週刊文春』編集長に就任していた。
就任四日前の六月二十八日、神戸連続児童殺傷事件で、「酒鬼薔薇聖斗」こと少年Aが逮捕される。世紀末を象徴する驚くべき事件だった。十四歳。中学三年生の残忍きわまりない犯行と知れるや、マスコミ各社、とくに週刊誌は異様なテンションで取材に走り回る。もちろん、わが『週刊文春』も例外ではない。
この事件で、あらためて少年法の是非が問われることになった。「あらためて」と書いたのは、過去に一度だけ、少年法が必要か否かをめぐって、凄まじい議論が巻き起こったことがあるからだ。

一九八九（平成元）年に発覚した「女子高生コンクリート詰め殺人事件」。

当時は「鉄壁」とされた少年法の壁を打ち砕き、十六歳から十八歳まで、犯人四人の実名を公表したのは、『週刊文春』だった。

なぜ実名報道に踏み切ったのか、なぜそれが可能だったのか。

まずは、少年法見直しの伏線となった事件から始めよう。

第5章 「実名報道」陰の立役者

「よし、実名でいく」

腕を組み、目を閉じ、顔を天井に向けたまま、編集長の花田紀凱さんはじっと考えていた。机の上には、一本の特集記事の最終ゲラが広げられている。

一九八九年四月十一日火曜日の夜七時。翌々日発売号の校了は、この記事だけを残して、すべて終わっていた。記事の執筆を担当した勝谷誠彦君がやって来て、

「やめましょうよ。実名なんか出したら大変なことになる。絶対やめたほうがいいですよ」

と話しかけるが、花田さんは一顧だにしない。文藝春秋を退社後、コラムニストやテレビのコメンテーターとして活躍し、二〇一八年に五十七歳の若さで亡くなる勝谷君は、当時まだ二十代の編集部員だった。

犯罪史上に類を見ない、身勝手で残虐な事件を起こした少年たちの実名を出すか、イニシャルに留めるか、花田さんは締め切りギリギリまで決めかねていた。記事の担当デスクだった私は、黙って判断を待っていた。およそ十五分が過ぎただろうか。とても長い時間に感じられた。

「よし、実名でいく」

と花田さんは言った。

私はすぐ席を立って、記者の佐々木弘さんが待機している会議室へ向かった。自分の仕事が終わったら編集部に長居することのない佐々木さんだが、この日は違った。犯行に関わった不良少年たちの中から、逮捕された四人の名前を特定できたのは、佐々木さんの粘り強い取材があった

からだ。編集長に向かって、「こんなにひどい犯罪なんだから、実名を出すべきだ」などと進言する人ではない。その決定は編集長の権限とわきまえているから、わざと離れた会議室で待っていた。花田さんの判断を待つ十五分は、佐々木さんにとっても長い時間だったに違いない。

「佐々木さん、実名でいきます！」

そう告げると、広い会議室にひとり、ぽつんと座っていた佐々木さんは、立ち上がって私に「そう！　ありがとう」と言って、ぴょこんと頭を下げた。そして、

「よかった。これで被害者もお父さんも、少しは浮かばれるよ」

と、ほんの少し顔をほころばせた。

四月十三日に発売された『週刊文春』四月二十日号の特集記事「女子高生惨殺事件第2弾　加害者の名前も公表せよ！」では、

〈あえて実名を明らかにしよう。これまでに逮捕された殺人犯は次の四人である〉

として、十八歳ひとり、十七歳ふたり、そして十六歳ひとりの実名を書いている。

ただし、四人はすでに刑期を終えているため、現在ではすべて匿名にせざるをえないことをお断りしておく。

リーダー格のA十八歳は、私立高校を一年の三学期で中退。暴力団事務所にも出入りし、母校の中学校の窓ガラスを割って補導されるなどで「保護観察処分」の前歴があった。

B十六歳は、中学校でAの二年後輩だ。工業高校を一年の二学期で中退。バイクの無免許運転で「保護観察処分」の前歴がある。女子高生の監禁場所となったのは、Bの自宅だった。両親は

共産党員で、弁護士を通じた謝罪コメントを『赤旗』にだけ発表している。

サブリーダー格のC十七歳もAと同じ中学校で、一年後輩。私立高校を一年の二学期に退学している。バイクの無免許運転で「保護観察処分」の前歴あり。

D十七歳も、Aと同じ中学校の一年後輩で、工業高校を一年の一学期で中退。自宅で暴れて「保護観察処分」を受けている。

四人とも高校中退後は職やアルバイトを転々とし、地元では有名な手の付けられない不良グループだった。


当時の少年法はまさに鉄壁で、今では想像もできないくらい厳しく守られていた。週刊誌が実名を報道しても罰則こそないとはいえ、大騒ぎになることは目に見えていた。法務省は必ず問題にするだろうし、良識派や人権派といわれるメディアから袋叩きにあう事態も容易に想像できた。もちろん花田さんも少年法について学び、実名報道がどれだけハードルの高いことか充分に理解していた。その迷いが、「加害者の名前も公表せよ!」というタイトルに表れている。歯切れのよさで知られた花田さんのいつものタイトルなら、「加害少年の実名を公表する」とか「実名を明らかにする」と言い切るはずだ。「公表せよ!」では、誰に向かって言っているのか判然としない。

タイトルの校了は記事よりも先だから、記事で実名を報じても報じなくても通じるタイトルになっている。いま改めてこのタイトルを見ると、ギリギリまでゲラを目の前に広げて熟考していた花田さんの胸中が読み取れる思いがする。

少年法の高い壁

たまたま通りかかっただけの女子高校生を拉致して、四十日にわたって監禁。集団で凌辱し、殴る蹴る、ライターのオイルをかけて火をつけるなどの暴行を加えたあげく、なぶり殺しに。ついには、ドラム缶の中に遺体をコンクリート詰めにし、埋め立て地に遺棄した。

少年たちの罪名は、「猥褻・誘拐・略取・監禁・強姦・殺人・死体遺棄・傷害・窃盗」。検察の論告に「残忍かつ極悪非道である点において、過去に類例を見出し難く、重大かつ凶悪な犯罪」とある通りだ。

事件が発生したのは、昭和天皇の容態悪化が連日報じられていた、一九八八（昭和六十三）年十一月のこと。しかし発覚したのは、平成の時代に移って三カ月もたってからだった。別件の婦女暴行やひったくりの容疑で逮捕されていた少年二人の余罪について、警察官が練馬少年鑑別所を訪れ、取り調べたことが発端だったという。

当時、綾瀬署管内で未解決の強盗殺人事件があった。同じ昭和六十三年十一月に、三十六歳の女性と七歳の長男が自宅マンションで殺され、現金が奪われたのだ。

捜査員が、少年の一人に、

「人を殺しちゃダメじゃないか」

とカマをかけた。勘違いして、

「すみません、殺しました」

と口走ったのはA十八歳。Aの自白を知って、女子高生惨殺を詳細に供述したのがC十七歳。それは捜査員が初めて耳にする、母子殺人とはまったく別の凶悪事件だった。

二人の供述通りに三月二十九日、江東区若洲の埋め立て地に放置されたドラム缶の中から、遺体が見つかった。激しい損傷のために確認作業は難航したが、前年十一月末から行方不明になっていた、埼玉県三郷市に住む十七歳の女子高生であることがわかった。綾瀬警察署と警視庁少年二課は、AとCを殺人・死体遺棄容疑で逮捕。彼らの供述から、おぞましい犯行の全貌が明らかになり、さらにB十六歳とD十七歳の二人が逮捕される。

『週刊文春』の第一弾「彼らに少年法が必要か　女子高生監禁・殺人の惨」（八九年四月十三日号）は、発見された遺体の様子から書き起こしている。
〈直径六十センチ、高さ九十センチのドラム缶に、身長百六十五センチのE子さん（埼玉県立八潮南高校三年＝17　本文では実名）は、しゃがみ込むような恰好でコンクリート詰めにされていた。
「コンクリートを砕くのに手間取りましたが、遺体が出た瞬間、あまりのむごさに顔をそむける捜査員もいたほどです。（中略）肉親でさえも我が子と識別できなかった」（捜査関係者）
E子さんの遺体は、「人間をそのまま缶詰にしてしまったような状態」（同）まで腐乱が進んでいたが、殴る蹴るのリンチを全身に受けたため、皮膚の色は、顔は言うに及ばず、どこもかしこ

も真っ黒だったという。〉

〈E子さんは、写真でもわかるように、近所では評判の美人。

「ほっそりしてスタイルもよく、目もクリクリしていて、とっても可愛い。モデルになっても、十分務まるわよ」

と近所の主婦が絶賛するほど。（中略）

E子さんは、あと半年もすれば高校を卒業し、就職することが決まっていた。〉

事件の発生状況については、こう書いている。

〈E子さんが拉致《らち》されたのは、昨年（八八年）十一月二十五日夜八時半ごろ。

その一カ月半ほど前から、通学していた高校がある八潮市内のプラスチック成型工場でアルバイトを始め、いつも、学校を終えると、そのまま工場に直行していたという。

タイムカードによれば、この日は、三時五十六分に出勤して、工場を出たのが八時十九分。〉

そのあと、自転車で約三十分のところにある、三郷市内の自宅に向かうのだが、十分ほど走ったところで、女性を物色していたAとBの猿芝居に不運にもひっかかってしまう。

〈「まず、悪玉役のBが現われ、自転車に乗っていた彼女をいきなり蹴り倒し、あれこれからむわけです。そこに、こんどは、被害者を助ける正義の味方役のAがバイクで現われる。彼女は、Bが怖いので、Aの言うままにバイクの後ろに乗ってしまうんだね」（綾瀬署）〉

正義の味方役のAは、

「いま蹴飛ばしたヤツは、頭がおかしいんだ。危ないから送ってやる」

E子さんにそう言って信用させ、近くの倉庫に連れ込むや豹変する。

「実は俺も仲間で、お前を狙っているヤクザだ。俺は幹部だから、言うことを聞けば命だけは助けてやる。声を上げたら殺すぞ」

そう脅迫して、ホテルへ連れ込んで強姦。その後、東京・足立区綾瀬にある悪玉役Bの自宅へ彼女を連れて行く。埼玉県三郷市と綾瀬は、川を挟んで隣り町だ。

〈一階に両親が住み、二階の六畳の和室が兄の部屋、隣の六畳の洋間が弟の部屋になっているが、E子さんは、その日から約四十日にわたって、弟の部屋に監禁されてしまうのである。〉

このまま生きて帰れない運命とは、知る由もない。

この家の二階は、非行少年たちの溜まり場だった。彼らは玄関を通らず、昼でも夜でも電柱を伝ってベランダから部屋に出入りした。逮捕されたのは四人だけだが、凌辱に加わった少年は十人以上いたことがわかっている。

E子さんは、何度も脱出を試みる。一度は外へ出ようとして連れ戻され、この家の電話からの一一〇番通報は途中で見つかって切られてしまう。それをきっかけに、凄惨なリンチが始まった。E子さんの家族からは捜索願が出されていたが、Aは自宅へ電話をかけさせ、「もうすぐ帰る」と言わせてもいる。

Bの家には、一階にしかトイレがない。E子さんは自力で歩けなくなるまでは、階段を上り下りしてトイレを使っていた。Bの両親は、何度もE子さんを目撃している。しかし息子の家庭内暴力を恐れるあまり、積極的なかかわりを避けた。母親は、E子さんに「早く帰りなさい」と声をかける程度。父親に至っては、「ガールフレンドか。俺にも紹介しろよ」と、息子にへつらったというから呆れるばかりだ。

ライターのオイルに火をつけてあぶられたE子さんの身体は化膿し、栄養失調と暴行によって立ち上がる体力を失くしたせいで、部屋で失禁してしまう。少年たちは、次第に厄介な存在と考えるようになった。このまま解放するわけにはいかない、という程度の思考力は彼らにもある。この頃から、遺体の処理方法を相談し始めている。

E子さんが亡くなったのは、年が明けて一月四日。最後の暴行のきっかけは、Aが徹夜マージャンで十万円負けてイライラしたことだ。サウナに出かけた少年たちが夜になって帰宅すると、E子さんが動かなくなっている。

遺体の処理は、計画通りに実行された。

彼らはしかし悔いも反省もせず、婦女暴行やひったくりを繰り返す。AとCが逮捕されたのは、その後に起こした事件のためだ。

四人の少年は家裁から検察に逆送致され、判決は次の通りになった。

・A十八歳：懲役二十年（求刑は無期懲役）。
・C十七歳：懲役五年以上、十年以下の不定期刑（求刑は懲役十三年）。
・B十六歳：懲役五年以上、九年以下の不定期刑（求刑は懲役五年以上、十年以下の不定期刑）。
・D十七歳：懲役五年以上、七年以下の不定期刑（求刑は懲役五年以上、七年以下の不定期刑）。

A、C、B三人の刑は東京高裁で確定。Dだけが最高裁に上告したが、棄却される。

二つの宿題

少年法が施行されたのは、一九四八（昭和二十三）年。マスコミの実名報道を禁じているのは、第六十一条の条文だ。

〈家庭裁判所の審判に付された少年又は少年のとき犯した罪により公訴を提起された者については、氏名、年齢、職業、住居、容ぼう等によりその者が当該事件の本人であることを推知することができるような記事又は写真を新聞紙その他の出版物に掲載してはならない。〉

ただし掲載の判断は、各報道機関に委ねられている。掲載した場合の罰則規定もない。

日本新聞協会は、一九五八（昭和三十三）年十二月に以下のガイドラインを定めている。

〈少年法第61条の扱いの方針

少年法第六十一条は、未成熟な少年を保護し、その将来の更生を可能にするためのものであるから、新聞は少年たちの〝親〟の立場に立って、法の精神を実せんすべきである。罰則がつけられていないのは、新聞の自主的規制に待とうとの趣旨によるものなので、新聞はいっそう社会的責任を痛感しなければならない。すなわち、二〇歳未満の非行少年の氏名、写真などは、紙面に掲載すべきではない。（後略）〉

日本雑誌協会には、これに類するものはない。

『週刊文春』は、前週の四月十三日号の記事タイトルでも、「彼らに少年法が必要か」と疑問を呈している。少年法に関する疑問と世の中への問題提起は、事件発生時から大きなテーマであり、取材を進めるにつれ、編集部内で議論はさらに高まっていった。

論点は二つ。ひとつは、犯行の凶悪さに対して、予想される刑期が軽すぎるのではないかということ。もうひとつが実名報道だ。被害者が美少女だったこともあって、週刊誌もテレビも彼女の写真は大映しで、プライバシーに関する報道も続いていた。一方、犯人四人は同じ未成年なのに、一貫して匿名のまま。おかげで、保護者たちも雲隠れを続けることができていた。

取材班は、少年法について学んだ。多くの識者にも意見を求めた。彼ら四人の名前を世に知らしめ、少年法の在り方について論議を促すことは、新聞やテレビにはできない。しかし週刊誌ならできる、という意見が大勢を占めた。

実名報道を決めるのも大変な判断だが、その裏ではさらに大変かつ地道な努力が続けられていた。四人の名前を特定する取材だ。そもそも名前がわからなければ、報じることはできない。さらに、もしも名前を間違えようものなら、少年法の意義を問うどころの騒ぎではない。

その取材を一身に担ったのが、前出の佐々木弘記者だった。鉄壁の少年法に守られて、警察からの発表はもちろんない。担当デスクの私は、佐々木さんに、

「実名でいきたいので、なんとか四人の名前を特定してください」

と頼んだ。佐々木さんは事件現場の綾瀬へ連日通い、少年たちの自宅や盛り場周辺で聞き込みを続け、中学校時代のクラスメイトや遊び仲間を訪ね回った。

私は、現場周辺で聞き込めば、少年たちの名前はすぐにわかるだろう、と甘く考えていた。ところが、逮捕された少年たちのほとんどの家はもぬけの殻。複雑な事情を抱えた家庭が多かった。惨劇の舞台となったBの家の両親も、行方をくらましている。少年たちがどこにいるか、容易には確認できなかった。

最後まで事情聴取を受けていた少年は、七人。逮捕されたのは、そのうちの四人だ。七人の名前は判明しているが、その中の誰が逮捕されたのかがわからない。それでも佐々木記者の徹底取材で、家に帰された少年二人の名前はわかった。逮捕された四人のうち、二人の名前も確認できた。つまり、残る三人の中に逮捕者が二人いる。

『週刊文春』の原稿の締め切りは火曜日の朝。逮捕された四人のうち二人しか特定できないまま、取材リミットの月曜日の夜を迎えた。私は言った。

「佐々木さん、四人を特定できなかったら、残念ながら実名報道はできません」

「それは当然だよ。重大な記事だということはわかっているから、最後にひとつだけ、ぼくにやらせて」

そう言い残して、佐々木さんは編集部を後にした。

二時間か三時間が過ぎたころだろうか。編集部でじりじりしながら待つ私に、佐々木さんから電話が入る。

「残り二人の名前が特定できたよ。絶対に間違いないから」

「そうですか！　よくやってくれました。お疲れさまです。編集部に上がってください」

あとで聞くと、佐々木さんが最後に向かった取材先は、この事件を担当する幹部クラスの捜査員の自宅だった。ようやく招き入れてくれた相手に、取材の意図を丁寧に説明する。その捜査幹部は、犯行に対する強烈な怒りを隠そうとせず、実名報道にも理解を示してくれた。

しかし、逮捕した少年の名前は頑として明かさない。

「こんな酷《ひど》い事件は前代未聞だ。長い刑事人生でも、あんなに悲惨な遺体を見たのは初めてだ。いくら少年だといっても、こんな奴らは厳しく罰しなければ、日本の社会が大変なことになる。それぐらい酷い事件だ」

「だからウチの週刊誌はあえて実名で報道して、少年法に関する議論を提起したい。そのためには、四人の名前を間違えるわけにはいかないんです」

「あなたの気持ちは、本当によくわかる。でも立場上、それだけは言えないんだよ」

三十分がたち、一時間が過ぎた。佐々木さんは、こう持ちかけた。

「私たちは、家に帰された二人と、逮捕された四人のうち二人の名前まで特定しています。残り三人の中で誰が釈放されて、誰と誰が逮捕されたのかがわからない。今からその三人の名前を順番に言います。逮捕した少年の名前にうなずいたら、あなたが私に教えたことになる。だから、〝いま警察にいない者〟の名前を言ったときに、うなずいてほしい」

〝警察にいる者〟を聞けば、逮捕者の名前を漏らすことになる。しかし、逮捕されなかった少年の確認なら、捜査情報の漏洩にはならない。大ベテラン佐々木記者ならではの、巧妙な切り札であり、相手への配慮だ。

捜査員は「わかった」とさえ言わなかったが、佐々木さんは構わず、順番に名前を挙げていった。一人目……反応はない。二人目……捜査員は、小さくうなずく。三人目……反応はない。

「もう一度繰り返します」

佐々木さんは慎重に、同じ順番で名前を挙げていった。捜査幹部は最初と同じく、二人目の名前にだけ小さくうなずいた。逮捕された少年は、一人目と三人目だった。それは佐々木さんの熱意と誠意が、捜査幹部の正義感を突き動かした瞬間だった。

佐々木さんは捜査員の家を出ると、急いで公衆電話を探し、私に報告したのだ。

ところが、いつまでたっても編集部に戻ってこない。

名うてのグルメだから、さてはいい気分になって旨いものを肴に一杯やっているのかなと思ったが、とんでもない。『週刊文春』の誇る名物記者は、私が思っていた以上にプロフェッショナルだった。深夜零時近くなって編集部に上がってきた佐々木さんは、開口一番、

「松井さん、ごめんなさい」

と頭を下げた。

「ぼくには、頼まれた宿題が二つあったよね。逮捕された四人の名前の特定と、被害者のお父さんのコメントを取ってくること。

二つ目の宿題がまだできていなかったから、ぼくは捜査員の家を出たあと、八潮市の女子高生の自宅に行ったのよ。あの家には何度も行っていて、いつもは新聞記者やテレビ局のレポーターがたくさん張り込んでいるのに、今夜は時間も遅いせいか、誰もいなくて真っ暗だった。『ああ、

みんな引き揚げたんだ』と思って、呼び鈴を押そうかどうしようかと迷っていたら、急に門灯が点《つ》いた。そして、お父さんらしき人が、手にほうきを持って出てきたんだ。

　張り込んでいた記者たちのタバコの吸い殻なんかが、門の前に散らかっていたのかもしれない。それを黙って掃き始めたお父さんを見たら、ものすごい怒りと絶望と悲しみが、体中からにじみ出てくるようだった。ぼくは、ついに声をかけられなかったんだ。家に入っていくお父さんの背中を追って、呼び鈴を押すこともできなかった。三十数年も記者をやってきたけど、こんなことは初めて。本当にごめんなさい」

　私はひと言、

「それでよかったと思います。もう充分ですよ」

とだけ答えた。

　実名報道に踏み切るかどうかという花田さんの最後の決断を、佐々木さんがじっと待っていたのは、こういう経緯があったからだ。「これで、被害者とお父さんが少しは浮かばれるよ」と言った佐々木さんの脳裏には、その夜の父親の背中が思い起こされていたのだろう。

怪文書コレクター

　創刊六十周年を迎えた『週刊文春』の歴史にあって、一、二を争うスクープといえるのは一九八四（昭和五十九）年の「疑惑の銃弾」だろう。いわゆる「ロス疑惑」に火をつけて、警察の立件に結びつけた連載記事だ。このキャンペーンで、取材チームの中心になったのも佐々木さんだった。

『週刊文春』の創刊以来ずっと在籍している専属記者だから、戦後の大事件や大事故の取材はほとんど手掛けている。小柄でずんぐりした体型に丸い背中。ネクタイ姿を見たのは、誰かの結婚式か葬式くらい。いつでもどこでも、着古したシャツに、ポケットのたくさんついたベスト。そのポケットには、メモ帳や小型カメラ、数種類のペンが、すぐ取り出せるようにしまってある。手の甲にサインペンでやたらと数字が書いてあるのは、取材先で聞いた大切な電話番号を忘れないためだ。

古いタイプの週刊誌記者で、誰かと組んで取材に動くことが大の苦手。その週ごとに「僕は何をやるの」と聞いてくるから、いくつかお願いする。「被害者の家族のコメントを取ってください」あるいは「事件現場の模様を細かく探ってください」と、取材をスタートするときに三つぐらい。これを佐々木さんは「宿題」と呼んで、締め切り日までにきちんと答えを出し、独特の丸っこい字をサインペンで書き連ねた取材原稿を上げてくる。

その核心人物にどうやって辿り着き、どう口説いて話を聞いたのか、ほとんど語らないし、決して手柄を誇らなかった。

笑顔を絶やさない温厚な人柄だったが、私は一度だけ怒鳴られたことがある。

佐々木さんが何より大切にしているのは、取材源だ。その種の情報ならあの人に聞けばわかる、という情報源をさまざまな分野に持っている。

私がまだチンピラ記者としてロッキード事件の取材を担当したとき、田中角栄元総理の筆頭秘書官だった榎本敏夫氏の元妻、榎本三恵子さんの取材を命じられた。三恵子さんは当時、銀座の高級クラブに勤めていたが、佐々木さんが紹介したくれた人物のおかげで店がわかり、裏口で何日か張り込んで接触に成功。それが、『ハチは一度刺して死ぬ』と題した、五週にわたる連載手記（八一年十一月）のきっかけとなった。

その後、別の記事の取材で、私は「銀座のことなら、なんでも知ってる人がいますよ」と、デスクにその人物を教えてしまい、直後に「しまった」と気づいた。

私は佐々木さんから、

「この人には、松井さん自身で当たってほしい。ほかの人には言わないでね」

と、念を押されていたことを思い出したからだ。すぐに電話をかけて、

「すみません。教えていただいた方のことを、デスクに話してしまいました」

と打ち明けたら、いきなりガチャンと電話を切られた。翌日会って、

「本当にすみません。申し訳ありません」

頭を下げると、厳しい口調でこう言われた。

「取材源って、一日や二日でできるものじゃないんだよ。どのくらいの時間をかけて、ぼくは彼となんでも話せる仲になったのか。そのことを君はまったくわかってない」

それから一週間、一言も口をきいてくれなかった。

ジャーナリストとしてのペンネームは六角弘。怪文書の収集家としても有名で、著書も何冊か

ある。二〇一三（平成二十五）年に、食道がんのため七十七歳で亡くなった。事件の取材は過酷だから、歳を取ると現場を離れていく記者が多いなか、六十代半ばで『週刊文春』を卒業するまで、ずっと第一線に立ち続けた。

綾瀬の事件の取材に当たったころは五十代前半。佐々木さんの綿密な取材と捜査員の胸襟を開かせた誠実な人柄がなければ、四人の名前の特定はできなかった。実名報道も、もちろんできなかった。実名報道をめぐる議論をきっかけに、旧態依然とした少年法を見直さなければならないという方向に、世の中が動いていくこともなかったに違いない。

読者はどう受け止めたか

実名報道から約一カ月後の五月十八日号に、読者からの投稿を集めた「実名報道　私はこう考える」を掲載した。そのいくつかを紹介する。

〈私は大阪に住む二十七歳のＯＬで、被害者の女の子とは一面識もない人間です。立場も境遇も、何も共通点すらありません。それでもこの事件は、人間として絶対に許せない。激しい怒りを感じ続けてきました。

マスコミも誰も、善人ぶってはっきり言わないけど、奴らは全員四十日かけてなぶり殺しにすべきです。これ以上ない地獄を味わわせてやるべきです。本当に悔しくて涙が出てきます。奴らにも、奴らを許す世間にも。

正直言って、こんな事を考えたりするのは好きじゃないです。夢を食べて生きていたいし、何も知らないで楽しく生きていけたらと思っていました。そんな私がこんなふうに手紙を書き、先週は「性暴力を許さない女たちの会」という集まりにも行ってきました。それほど大きなショックだったのです、この事件は。私は今、独身ですが、将来男の子を産むのが怖い。ちゃんと育てる自信がないのです。（大阪府）〉

〈犯人の実名報道、よくやってくださいました。

これがもし我が娘であったなら、私は必ず親としての弔い合戦をせずにはおきません。たとえ自分の命にかえてでも。そうでなければ、あの世で娘に合わす顔がないではありませんか。「かたきは取ってやったよ」と言えぬではありませんか。

国家がそれをどうしても禁ずると言うのなら、納得のいく刑罰が加えられねばなりません。少年法を改正すべきです。

全ての大人たちよ。もっと怒りましょう。真剣に。そうしないと私達は、自分たちの社会すら守れなくなるでしょう。（愛知県）〉

〈文春を見直しました。良識派ぶって実名を出さない朝日なんかよりよほど国民の正義感に応えているし、少年法で刑罰が軽くなってしまう今回の事件においては、実名を出してのキャンペーンはマスコミとしても義務だとさえ思います。

法律が少年の「保護」を言うのなら、せめてマスコミは声なき被害者と遺族の「声」になってあげてください。人権云々は事件を担当した弁護士や判事が言えばいいことです。

私はクリスチャンです。しかし、私なら家を売り払ってでも金を作り、計画を練り、人を頼んででも残りの人生を犯人への報復に賭けます。これぱかりは許せません。紋切り型に「赦しましょう」という神父など、張り倒してやるでしょう。

週刊文春は、どうかこれからも被害者と遺族の「声」になってあげてください。「社会の歪み」がどうの、「人権」がどうのと御託をならべるより、「声」を奪われた被害者、何を言う気力も無くしているだろう遺族の「声」に。（茅ヶ崎市　会社員　二十八歳）〉

花田編集長が覚悟を決め、「野獣に人権はない」と強い姿勢を貫いたことも、世論を喚起する一因となった。『朝日新聞』同年四月三〇日日曜版のインタビューで、花田さんはこう語っている。

〈もちろん悩んだというか、すぐには決めかねました。うちは二回記事を出したんですが、一回目は仮名にしました。が、第二弾の取材をしているうちに、いかにひどいかということがわかってきて、編集部の中で、これは実名にすべきじゃないかという声が出てきた。要するに、（中略）野獣に人権はない、と。（中略）

正直いって、反発の方が多いんじゃないかと予想してたんです。人権うんぬんでジャンジャン電話がかかってくるだろうと考えたんですが、意外にも実際には二件程度で。『よくぞやってくれた』という投書が何十通もきて（中略）。人権うんぬんという人にはね、『それじゃあ、殺されたE子さんの親御さんの前で、そのせりふが吐けますか』と問いたい気持ちです」〉

賛否両論を予想した『週刊文春』読者の反応は、おおむね好意的だった。編集部に寄せられた約五十通の投書のうち、実名報道に反対する意見は四通だけ。

少年法改正への動きは、一気に加速するかに思えた。

凶悪犯四人は更生したか

一九九〇（平成二）年七月十二日号の『週刊文春』は、前月に東京地裁で開かれた、少年四人の最終弁論の様子を報じている（本文では実名）。

〈裁判長の「何か言いたいことがあれば」の発言に促されて主犯格のA被告（20）が裁判官に一礼。証言台席の椅子を引いて座り、持ってきた書面を封筒から出して、細々とした声でそれを読み始めた。

「本来、私は止める立場にあったのに、共犯を煽り、また煽られて人殺しとなり、共犯者に対し、申し訳ありません。

今、弁護士さんの勧めで毎日写経をしています。そして数珠を持って、E子さんにも手を合わせています。E子さんの成仏と遺族の方々に安らぎが訪れるのを願っています」

白ワイシャツに黒ズボンのA被告の最後はこんな言葉で結ばれた。

「これから一生被害者の方たちに恥じない生き方をしていこうと思っています」と。

反省している、申し訳ない、償いたい——ほかの被告、C（19）、B（17）、D（18）らの陳述も、A被告とほぼ同様のものであった。〉

それから三十年が過ぎ、四人は四十代後半となっている。彼らはその後、どんな人生を歩んだのだろうか。

懲役を終えて刑務所を出たあと、最初に逮捕されたのは、改姓していたC。二〇〇四（平成十六）年に監禁傷害事件を起こし、懲役四年の判決を受けた。女性に関するトラブルで知人男性を車のトランクに入れて連れ回し、殴る蹴るの暴行。「俺を誰だと思ってるんだ。十年食らってるんだぞ」と、前科を脅し文句に使っていた。

Aは二〇一三（平成二十五）年、パチンコ必勝法の情報料という名目で現金を騙し取る詐欺容疑で逮捕。ただし不起訴になった。

女子高生惨殺の現場となった家に住んでいたBは、二〇一八（平成三十）年八月に殺人未遂容疑で逮捕された（起訴罪名は傷害罪）。同じアパートの別棟に住む男性と、駐車スペースをめぐって揉み合いになる。長さ四十一センチの警棒で相手を殴り、さらに刃渡り八センチのナイフで首を刺すという、執拗で凶悪な犯行だった。

三十年前、東京地裁の裁判長は判決の最後に、四人の少年にこう語りかけた。

「事件を、各自の一生の宿題として考え続けてください」

与えられた宿題に対して、彼らの出した答えはさらなる犯罪を重ねることだった。

少年法は、彼らを更生させることができなかったのだ。

§

女子高生惨殺事件を契機に、少年法をめぐってさまざまな議論が巻き起こり、改正の気運が高まったのは事実だ。この事件が、改正論議の端緒となったのは間違いない。しかし、改正への動きは、いつの間にか勢いを失ってしまう。改正論者にストップをかけたのは例によって、守旧派が呪文のように唱える「少年の保護・育成」というお題目だった。

「鉄壁」の少年法はびくともせず、以後も高い壁であり続けた。

およそ十年後に、十四歳の少年Aによる連続児童殺傷事件が起きるまでは――。

第6章 「少年A」の両親との二十二年

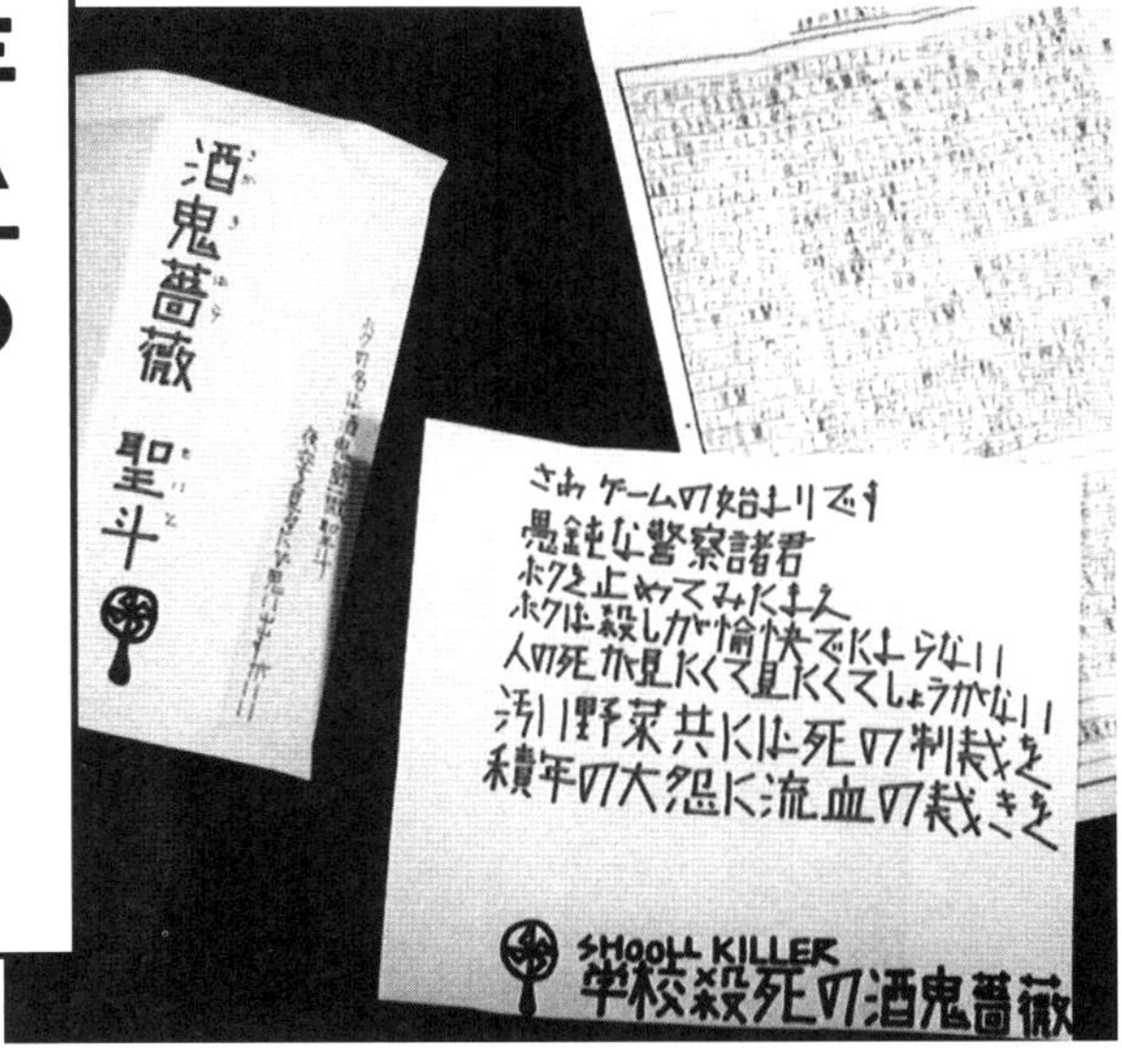

洪水のような涙

人がこんな泣き方をするのを見たことがない。

ずっとうつむいていた母親が、ふと顔を上げたときだ。二つの目が空洞のようにぽっかりと開き、そこから涙が溢れ出してくる。蛇口の栓が壊れ、大量の水がごぼごぼと音を立てて流れ出すように。

号泣ではない。母親は無言のまま、止めどなく涙を流していた。

あの洪水のような涙を、今も私は忘れない。


一九九七（平成九）年、二月から五月にかけてのことだ。神戸市須磨区で起きた連続児童殺傷事件は、子どもの遺体を切断する残忍さ、警察や新聞社に送り付けた大胆な犯行声明で、世を震撼させた。六月二十八日。逮捕されたのは、十四歳の中学三年生。あまりにも意外な結末に、誰もが驚愕し、恐れおののいた。

十月、神戸家庭裁判所は、医療少年院への送致を決定。少年Aの身柄は、東京・府中の関東医療少年院に移される。

その翌月末、『週刊文春』の編集長だった私は、森下香枝記者、木俣正剛デスクと共に、神戸市内のホテルの一室で、少年Aの両親と向き合っていた。二人にインタビューを依頼するためだ。

代理人の羽柴修弁護士に伴われて部屋に入って来たときから、両親はずっと下を向いている。

Ａの二人の弟を気遣い、一家は逮捕直後に自宅を離れ、身を隠していた。コメントを発表することも、マスコミの取材に応じることもないままだった。羽柴弁護士を通じて何回も交渉を重ね、ようやくこの日の面会にこぎつけたのは、森下記者の熱意と粘りがあったからだ。

森下記者は懸命に両親に訴えかけた。

「私たちは、Ａ君がどんな家庭環境で育てられ、どう成長し、どこで道を間違えたのかを知りたいんです。被害者のご家族も、子どもを持つ日本中の親たちも、それを知りたがっています。Ａ君の親として、きちんと語るべきではないですか」

だが、どれほど熱心に呼びかけても、ほとんど反応はない。

「まず、被害者のご家族に謝罪しなければ……」

「私たちなんかに、事件を語る資格はありません」

両親は、そう繰り返すだけだった。

私は言った。

「今この場で決めていただかなくてもいいんです。今後もお会いして、話し合う機会をください。それで私たちを信頼していただけたら、あらためてインタビューをお願いします」

両親がかすかにうなずいたように見えたが、私の錯覚だったかもしれない。はっきりした返事はもらえなかった。一時間ほどの面談のあいだ、少年Ａの母親は声を殺して泣き続け、父親はずっと下を向いて唇を噛んでいた。それでも、両親がぽつりぽつりと話してくれた雑談の中に、強く印象に残るエピソードがあった。

「立花隆さんをはじめ、たくさんの作家や学者たちが、『犯行声明文や、小学六年生のときに書いた作文を読むと、非常に知能の高い少年だろう、大学生でも書けない文章だ』と言っていますね」

と私が言うと、

「いいえ、小学校でも中学校でも、通信簿は2と3ばかり。知能指数も七十で、普通だと先生に言われました」

と母親が答える。

「でも、なぜか記憶力はよくて、中学二年のときでしたか、百人一首の暗記テストで満点を取ったことがあります。テスト前日の夜に札を出してきて、一枚一枚じっと見ていた。それだけで全部覚えたらしいんです。とても驚きました」

あとで詳しく述べるが、少年Aは「直観像素質者」だった。一度見た物や情景を、写真を焼き付けるようにそのまま記憶し、いつでも自在に取り出せる能力を持つ者のことだ。

ただし、一度見たものが、数年後でも原色で色鮮やかに再現されるので、その記憶の残像に苦しみ、精神のバランスを崩すケースもあるという。少年Aの犯行を考えるうえで、きわめて重要なファクターの一つだ。事実、少年Aの家裁審判における「精神鑑定主文」にも、こう書いてある。

〈(少年は)直観像素質者であって、この顕著な特性は本件非行の成立に寄与した一因子を構成している。〉

母親は、画用紙の切れ端に鉛筆で描かれた一枚の絵を、ずっと大切にしてきたという。両親の結婚式の写真を見てAが描いた、母親の肖像画だ。ドレスを着て、両手にブーケを持っている。

中学二年の母の日、「母さん、これ」とぶっきらぼうに渡された母親は、「こんなに優しい子だったんだ」と喜び、冷蔵庫の扉に貼っておいたのだそうだ。

のちにこの絵を、ある児童心理学者に見てもらうと、意外な感想が返ってきた。

「愛情とか親しみを、まったく感じさせない絵ですね。目で見た写真をそのまま描いているだけで、非常に無機質です。むしろ、母親との精神的な乖離がうかがえますね」

少年Aの両親が私たちに会う唯一の条件は、双方の了解なしには、話した内容を一切公表しない、と約束することだった。以後、両親の手記を『週刊文春』に掲載するまでの一年四カ月間、この日のことは一字たりとも記事にしていない。

「さあ、ゲームの始まりです」

一人の少年の犯罪が、社会にこれほどの衝撃を与えた例はないだろう。

第一の犯行は二月十日だった。小学校六年生の女児を、ショックレスハンマーで殴打し、加療一週間のケガを負わせる。同じ日。別の小学校六年生の女児を、またしてもショックレスハンマーで殴打。

三月十六日。小学校四年生の山下彩花さんを、八角玄翁（鉄のハンマー）で二回殴打。彩花さんは一週間後に死亡する。

同日。小学校三年生の女児の腹部に、刃渡り十三センチのくり小刀を突き刺し、加療約十四日間のケガを負わせる。

被害者はいずれも、通りすがりの女子小学生だった。三月の犯行後につけ始めた「犯行ノート」に、少年Aはこう書いた。

〈朝、母が「かわいそうに。通り魔に襲われた女の子が亡くなったみたいよ」と言いました。新聞を読むと、死因は頭部の強打による頭蓋骨の陥没だったそうです。金づちで殴った方は死に、おなかを刺した方は回復しているそうです。人間は壊れやすいのか壊れにくいのか分からなくなりました。〉

この翌月には、「懲役13年」と題する長い作文を書いている。「13年」とは、自分がそれまで生きてきた年月を指すのだろう。その最後の段落に、Aはこう書いている。

〈人の世の旅路の半ば、ふと気がつくと、
俺は真っ直ぐな道を見失い、
暗い森に迷い込んでいた。〉

犯行は、さらにエスカレートしていく。

五月二十四日、弟の同級生で顔見知りだった、小学校六年生の土師淳君を、通称「タンク山」の頂上に誘って絞殺する。翌二十五日の昼間、金ノコで頭部を切断し、自宅へ持ち帰った。

二十六日深夜、自分が通っていた中学校の正門前に、頭部を遺棄。自筆の声明文を、口にくわえさせていた。今も記憶に残る、あの声明文だ。

〈さあ　ゲームの始まりです

愚鈍な警察諸君
ボクを止めてみたまえ
ボクは殺しが愉快でたまらない
人の死が見たくて見たくてしょうがない
汚い野菜共には死の制裁を
積年の大怨に流血の裁きを

SHOOLL　KILLER
学校殺死の酒鬼薔薇〉

六月四日には、神戸新聞社に犯行声明文を送りつける。そこには、こんな一文があった。

〈透明な存在であるボクを造り出した義務教育と、義務教育を生み出した社会への復讐も忘れてはいない〉

〈しかし今となっても何故ボクが殺しが好きなのかは分からない。持って生まれた自然の性としか言いようがないのである。殺しをしている時だけは日頃の憎悪から解放され、安らぎを得る事ができる。人の痛みのみが、ボクの痛みを和らげる事ができるのである。〉

『文藝春秋』（二〇一五年五月号）は、神戸家裁が少年Aに「医療少年院への送致」を命じた審判「決定」の全文を掲載した。その一部を抜粋する。

〈「一連の非行時における少年の精神状態、心理的状況」
1　年齢相応の普通の知能を有する。意識も清明である。

2　精神病ではない。それを疑わせる症状もなく、心理テストの結果もそれを示唆する所見がない。
3　性衝動の発現時期は正常であるが、最初からネコに対する攻撃（虐待・解剖）と結び付いた。その原因は分からない。自分の中にありながら自分で押さえられないネコ殺しの欲動を魔物と認識し、その人格的イメージに対し、酒鬼薔薇聖斗と名付けて責任を分離しようとした。
4　ネコ殺しの欲動が人に対する攻撃衝動に発展した。現実に他人を攻撃すれば罰せられるため、性衝動は2年近く空想の中で解消されていたが、次第に現実に人を殺したいとの欲動が膨らんで来た。
5　他人と違い、自分は異常であると分かり、落ち込み、生まれて来なければ良かった、自分の人生は無価値だと思ったが、次第に自己の殺人衝動を正当化する理屈を作り上げて行った。
6　それは、自分が無価値なら他人も無価値であるべきである。無価値同士なら、お互いに何をするのも自由で、この世は弱肉強食の世界である。自分が強者なら弱者を殺し支配することも許されるという独善的な理屈であった。

「現在の少年の状況」

被害者らに済まなかったとは思わない。償いをしたいとも思わない。もともと何時か捕まって、人を殺した自分も殺される（死刑になる）と思っていた。社会復帰なんかしたくない。このまま施設内の静かな場所で早く死にたい。

殺した二人の魂が体内に入り込んで来ていて、毎日3回位、1回40秒位、腹や胸に食い付く。

締め付けるように痛い。今に自分の身体が食い尽くされる。非常にしんどく苦しいが、自分が死ぬまで出て行ってくれないだろう。〉

両親に手記を書かせた女性記者

Ａの両親との面会を実現させた森下香枝さんは、「あきらめの悪い」記者だ。いったん取材相手に食らいついたら、ひるまない、引き下がらない、絶対にあきらめない。猪突猛進というか、エネルギーの塊というか、走り出したら止まらない悍馬《かんば》のようだ。

噛みついたら放さないのは、実家で土佐犬と一緒に育てられたからだ、という噂もあったが、真偽は不明。まだ二十七歳の女性記者で、大阪の『日刊ゲンダイ』から移ってきて二年目くらいだったと思う。

持って生まれた事件記者の資質が、『週刊文春』で開花したのだろう。少年Ａの事件の後も、「和歌山毒物カレー事件」や、猛毒トリカブトで話題になった「埼玉連続保険金殺人」など、数々のスクープを飛ばした。

その後、朝日新聞社に移籍。週刊誌の記者が全国紙に引き抜かれることなど、めったにない。新元号「令和」が発表された日、『週刊朝日』編集長に就任した。

忘れられないエピソードがある。

週刊誌の目次や新聞広告をつくるとき、その週の最大の目玉記事を一番右に置く。これを「右トップ」と呼ぶ。次の売り物は一番左で、「左トップ」だ。スクープを取ってくると、「これは当然、右トップですよね」とアピールしてくる記者もいる。

ある校了日の朝のこと。新聞広告をチェックしていた私の席へ、森下記者が定規を持ってやって来た。何事かと思ったら、自分が担当した記事広告の寸法を測り、口を尖らせて抗議するのだ。

「なんで私の記事が、こっちの記事より七ミリも小さいんですか！」

土師淳君が殺害され、「酒鬼薔薇聖斗」の犯行声明が出されると、森下記者は自ら志願して取材チームに加わった。それからは、ほとんど神戸に居続けて、両親の親族や、代理人の羽柴弁護士へのアプローチを試みたのだ。羽柴さんの事務所に足繁く通い、何度も手紙を送って、両親に会わせてほしいとお願いする。その熱意と「あきらめの悪さ」がやがて、とてつもないスクープに繋がっていく。

森下記者が『週刊文春』に書いた記事の正確さも、アドバンテージになったようだ。逮捕を受けての第一報は、七月十日号の「中3少年〝狂気の部屋〟」。その中に、少年Aについてこんな証言がある。

〈「記憶力がすごくて、百人一首のテストで百点を取ったことがあった」（同級生）〉

のちに私たちが、母親から聞くことになる正確なエピソードだ。

〈ある友人は言葉につまりながらも A少年をかばう。

「何か物が無くなったり、事件があると、すぐ疑われる。仲間でイタズラをしていても、全部A

君のせいになってしまう。みんな『あのAやったら』と納得してしまう。

A君はそんな時、自分がやっていなくても否定しないんです。でも、その時は悔しがらないのに、少ししてから、すごく寂しそうな顔をする。だから、どこかでウサは晴らしていたんだと思います」〉

この証言も、のちに事実とわかる。彼女の記事には、飛ばしや誇張がなかった。

さらに森下記者は、国内外の少年犯罪に関するさまざまな情報を、羽柴弁護士にもたらす。それが、羽柴さんと両親の気持ちを動かした。

海外では、事件を起こした人物の家族が手記を出版し、その印税を被害者や遺族への賠償に充てるケースがある。その一例として、アメリカで十七人の青少年を殺害したジェフリー・ダーマーの父親が『A FATHER'S STORY』という本を書き、印税を被害者遺族への賠償に充てた事例を克明に調べ上げ、羽柴弁護士に伝えたのだ。

土師淳君の遺族は、損害賠償を求めて少年Aとその両親を提訴していた。「被害者の遺族にさえ公開されない、家裁審判の内容を開示してほしい」という要求が、主たる目的だという。とはいえ、請求額は一億四百万円。Aの両親は争わず、請求額はそのまま認められる。山下彩花さんの遺族とは、八千万円を支払う示談が成立していた。ケガをさせた女児への示談金もある。少年Aの父親は長く勤めた会社を辞め、退職金をすべて差し出したが、それだけではとても足りない。

そこで羽柴弁護士が、本の印税専用の振込口座を開設し、被害者の遺族がいつでもチェックできる仕組みをつくる。両親が印税には一円たりとも手を付けず、全額を賠償に充てていることが、この口座で確認できるのだ。

三家族にせめてもの償いをする見通しが立ったことで、両親はついに手記の出版を決意した。大新聞やテレビのキー局をはじめ、あらゆるマスコミが、神戸に精鋭の記者を送り込み、両親の所在をつかんで話を聞こうと、激しい報道合戦を繰り広げた。その中でなぜ、『週刊文春』だけが両親と接触でき、独占手記を取るに至ったのか、とよく聞かれる。結局は、森下記者の粘りと「あきらめの悪さ」が他社の記者を凌駕し、熱意と誠意が両親と代理人の心に届いたということだろう。

母の育児日誌、父の日記

両親の手記『「少年A」この子を生んで……』が完成するまで、それから長い月日が必要だった。一九九九（平成十一）年、『週刊文春』の三月二十五日号と翌週号に内容の一部が先行して掲載され、単行本『「少年A」この子を生んで……』は四月二日に発売となる。森下記者、渾身のスクープだった。

母の手記と育児日誌、そして父の日記で構成された本の内容は、相当に衝撃的だ。

父の日記は、Aの逮捕当日から始まっている。

〈一九九七年六月二十八日（土曜日）――逮捕の日
朝七時十五分頃、今日は子供達の学校も私の会社も休みで、家族全員その時はまだ眠っていました。

突然、インターホンが鳴り、私が寝間から起きて玄関のドアを開けると、警察の方が二人中に入ってきて、スッと警察手帳を見せられました。名前までは覚えていません。

「外では人目に付くので」と言った後、一人が玄関のドアを開め、「息子さんに話を聞きたいのですが……」と言われました。

「はあ、ウチ、息子は三人おりますが……」

「ご長男A君です」〉（『「少年A」この子を生んで……』）

こうして、Aは連行された。次いで母親が警察に呼ばれ、ようやく午後六時ごろに帰宅。六時十分ごろ、父親は警察官から「子供達をどこかに預けることはできますか？」と聞かれる。わけを尋ねても「理由は聞かんといてください」の一点張りだった。言われるまま、Aの弟二人を近所の親戚に預け、帰宅した六時三十五分ごろ。警察官から「ちょっと淳君の事件で重大なお話がありますと」と、家宅捜索令状を見せられた。

〈まさか淳君の事件にAが関わっているとは、正直言って想像もできませんでした。

「A君を容疑者として今、取り調べをしています」（中略）

あまりのことに、記憶も途切れ途切れにしか残っていません。

妻も同じで、「お父さん、これ、どうなってるの。もう一回言うて」と混乱するばかり。

「Aが何したんですか？　えー、何したんですか？」

私も繰り返し繰り返し、尋ねていたように思います。

妻は、次の月曜に当たっていた町の掃除当番ができなくなることを思い出し、隣の家に伝えに出ましたが、もうフラフラ状態で顔は土気色でした。

そんな動転の中、家宅捜索が始まりました。

私達夫婦は、「えー、えー」としか言葉が発せられず、何が何だか分からないまま、警察官がAの部屋から次々と押収していく品物に対し、「これを指で指して」と言われるままに、ただロボットのように従って、写真をバシャバシャ撮られていました。

八時半頃、付けっ放しになっていた居間のテレビの画面に、「淳君事件の犯人逮捕。友が丘の少年」という短いテロップが出ました。

「えっ、こ、これですか? これはAのことですか?」

捜索している警官に妻が尋ねると、「そうです」という短い返事が返ってきました。〉(同書)

両親はAとの面会を求め続けるが、なかなか叶わない。「上司と相談したところ、警察の周囲にマスコミが多いので、面会は当分無理です」というのが、須磨署留置場係の説明だ。結局、Aが須磨署から少年鑑別所に移されるまで、一度も面会は許されなかった。

本の第二章「息子が『酒鬼薔薇聖斗』だと知ったとき」と題する母の手記は、念願の面会がようやく実現した場面から始まる。

〈「帰れ、ブタ野郎」

一九九七年九月十八日、私たち夫婦が六月二十八日の逮捕以来、初めて神戸少年鑑別所に収容された長男Aに面会に行ったとき、まず息子から浴びせられたのがこの言葉でした。

「誰が何と言おうと、Aはお父さんとお母さんの子供やから、家族五人で頑張って行こうな」と、夫が声をかけたそのとき、私たち二人はこう怒鳴《どな》られたのです。

鉄格子の付いた重い鉄の扉の奥の、青のペンキが剝《は》げかかって緑に変色したような壁に囲まれた、狭い正方形の面談室。並べてあったパイプ椅子に座り、テーブルを挟んでAと向かい合いました。あの子は最初、身じろぎもせずこちらに顔を向けたまま、ジーッと黙って椅子に腰掛けていました。

しかし、私たちが声をかけたとたん、

「帰れーっ」

「会わないと言ったのに、何で来やがったんや」

火が付いたように怒鳴り出しました。

そして、これまで一度として見せたこともない、すごい形相《ぎょうそう》で私たちを睨《にら》みつけました。

〈あの子のあの目――〉

涙をいっぱいに溜め、グーッと上目使いで、心底から私たちを憎んでいるという目――。

あまりのショックと驚きで、私は一瞬、金縛《かなしば》りに遭《あ》ったように体が強張《こわば》ってしまいました。（中略）

十五分ほど私たちは顔を向き合わせていたのですが、最後まで「帰れっ」とAに怒鳴られ、睨まれ続けていました。

この子は私のせいで、こんなことになってしまったのではないか？

Aは目で私にそう抗議している。

私たち親は正直言って、この時点まで、息子があの恐ろしい事件を起こした犯人とは、とても考えられませんでした。どうしても納得することができませんでした。

あの子の口から真実を聞くまでは、信じられない。きっと何かの間違いに違いない。

いや、間違いであってほしい。たとえその確率が、0・1パーセント、いえ0・01パーセントでもいい。その可能性を信じたいという、藁《わら》にも縋《すが》る思いで、その日鑑別所の面談室を訪ねたのです。〉（同書）

家へ遊びに来ることもあった土師淳君が行方不明になると、父親も母親も捜索に参加している。息子が手にかけたとは思いもせず、遺体の頭部がAの部屋の屋根裏に隠されているとは知る由もなく、地域一帯を探し回っていたのだ。

我が子の犯行と確信したあと、母親が耐え難い胸の内をさらけ出した一節がある。

〈あの子の行為で淳君、彩花さんはどんなに苦しみ、辛く痛い思いをなさったのでしょうか？ご本人たち、ご家族がAの行為により、どんなに悲しみ、苦しまれたのか？

Aは自分の正当性ばかりを主張し、やってしまった行為の責任を負うことなど、とうていできるはずもない、ということになぜ気付かないのでしょうか？

息子には、生きる資格などとうていありません。

もし、逆に私の子供たちがあのような行為で傷つけられ、命を奪われたら、私はその犯人を殺してやりたい。償われるより、死んでくれた方がマシ、と思うはずです。

ささやかで不甲斐ないお詫びをされるよりかは、いっそＡや私たちが死んだ方が、せいせいされることでしょう。きっと被害者のご家族は、私たちが存在していること自体、嫌悪されているのではないでしょうか。

いつの日かＡを連れて、お詫びに行くなどとんでもなく、虫のいい話かもしれません。

被害者のお宅にＡが姿を見せたとすると、ご家族の方々に「死んで償え」と罵倒され、たとえその場で殺されたとしても、当然の報いで仕方がないことだと思います。

でも、その時は私に死なせてください。（中略）

私は夫のためには死ねませんが、息子のためであれば、死ねます。Ａのやったことはあの子を生み、育てた私の責任です。〉（同書）

ここに母親の悔いと、Ａへの愛情が凝縮されている。

『「少年Ａ」この子を生んで……』という本のタイトルは、実は母親がつけたものだ。ある日、森下記者が戸惑ったような表情で、一枚の紙片を持ってきた。

「お母さんが、『本の題名はこれでどうでしょうか』と言ってきたんですけど……」

「えっ、これでいいと言ってるの？」

「ずっと考えてたそうです。『できれば、この題名にしていただきたい』と……」

編集者には付けられない、思い切ったタイトルだ。両親の手記なのに、母親が一人で全責任を背負おうとしている。そんなぎりぎりの思いが伝わってくる気がして、一字一句も直さず、そのまま採用すると決めた。

森下記者にとって、両親の独占手記を『週刊文春』に掲載できたことは、大スクープではあっても、決してゴールではなかった。少年Aとは何者なのか、まだまだわからないことが多すぎると思っていたからだ。たとえば、先に引用した「懲役13年」という作文は、難解なレトリックを駆使し、文学的な表現に満ちている。何人かの識者が、ダンテの『神曲』や、ニーチェの『ツァラトゥストラはかく語りき』の影響を指摘していたほどだ。

家では漫画ばかり読んでいて、通信簿には2と3しかない十四歳に、なぜこの作文が書けたのか。少年Aの自宅には、ダンテもニーチェも一冊もない。

謎を解明するヒントは、少年Aが「直観像素質者」であることだった。Aは鑑定医に対して、こう話したという。

「(興味のある本を書店で立ち読みするだけで)頭にスーッと入ったページを覚えていた」

「いろんなものから抜き出して、順番を入れ替えて書いた」

森下記者は、猟奇犯罪や犯罪心理学に関するさまざまな文献、資料を読み漁り、二冊の翻訳本にたどり着く。『FBI心理分析官』(ロバート・K・レスラー著)と『診断名サイコパス』(ロバート・D・ヘア著)。少年Aは、この二冊の前扉に引用されている文章を孫引きし、あの作文を書いたのだ。

まず、Aが書いた「懲役13年」の真ん中あたりを見てみる。［ ］内は、『診断名サイコパス』の前扉に引用された、ウイリアム・マーチ「悪い種子」の原文だ。

〈3．大多数の人たちは魔物を［まともな人たちはサイコパスを］、心の中と同じように外見も怪物的だと思いがちであるが、事実は全くそれに反している。
通常、現実の魔物［モンスターたち］は、本当に普通な〝彼〟の兄弟や両親たち以上に普通に［ノーマルな彼らの兄弟や姉妹たち以上にノーマルに］見えるし、実際、そのように振る舞う。彼［彼ら］は、徳そのものが持っている内容以上の徳を持っているかの如く人に思わせてしまう……

ちょうど、蠟で作ったバラのつぼみや、プラスチックで出来た桃の方が、実物は不完全な形であったのに、俺たち［私たち］の目にはより完璧に見え、バラのつぼみや桃はこういう風でなければならないと俺たち［私たち］が思いこんでしまうように。〉
この一節は「悪い種子」の、ほぼ完全な孫引きであることがわかる。
次に、「懲役13年」の最終章。
〈5．魔物（自分）［怪物］と闘う者は、その過程で自分自身も魔物［怪物］になることがないよう、気をつけねばならない。
深淵をのぞき込むとき、
その深淵もこちらを見つめているのである［だ］。〉
この部分は『FBI心理分析官』の前扉にある、ニーチェ『ツァラトゥストラはかく語りき』を、ほぼそのまま写したもの。ニーチェの「怪物」を「魔物（自分）」に替えているだけだ。
もっと言えば、冒頭の一文も、映画『プレデター2』の日本語字幕とほぼ一致することが明らかになった。

〈いつの世も……、同じ事の繰り返しである。

止めようのないものはとめられぬし、
殺せようのないものは殺せない。

時にはそれが、自分の中に住んでいることもある……

「魔物」である。〉

少年Aのオリジナルは、「時にはそれが、自分の中に住んでいることもある……」という部分だけだ。

森下記者の探求心は尽きることがない。犯行声明文に添えられていた、あのナチスの鉤十字のような奇怪なマーク。これは、少年Aが繰り返し観たホラー映画『13日の金曜日』の、殺人鬼ジェイソンがつけている仮面であることも突き止めた。

「直観像素質者」だけをヒントに、ここまで掘り下げていく——私は舌を巻くしかなかった。

手記出版に思わぬ反発

両親の手記を出版するにあたって、私たちは慎重に準備を重ねた。何より大切なのは、被害者遺族の理解を得ることだ。

森下記者は、亡くなった土師淳君と山下彩花ちゃんの遺族にも、ずっと接触を試みていた。本の見本ができると、少年Aの両親を伴って両家を訪れた。しかし、インターホンにも応答はない。やむなく玄関の前に本と菓子折りを置いて帰り、翌朝改めて訪問すると、置いたままになっている。それでも繰り返し足を運んだ。

印税の全額を賠償に充てるといっても、人の生命は金銭に代えられるものではない。

結局、遺族の承諾はもらえなかったが、消極的な黙認は得られたという感触はあった。三家族とも、印税を受け取ってくれることになったからだ。土師さんは、損害賠償を求める裁判の動機にもあったように、犯行状況ではなく、少年Aの精神構造や成育歴を知りたがっている。本の内容は、その気持ちにわずかでも応えられるのではないかと思えた。

ところが発売直前、予想もしないところからクレームが入る。ほかならぬ文藝春秋の営業局だ。局長がやってきて真顔で言う。

「大手書店チェーンのひとつが、こんな本は売らないと言っている。私も、文藝春秋がこういう本を出すのはどうかと思う。あれだけの事件を起こした犯人の親の、弁解みたいな内容ではいかがなものか」

そのときの編集局長は、中井勝さんだった。近藤誠さんの原稿を一読して、「この人は闘っている」と看破し、長期連載を即断即決した編集長だ。

「売らないという書店があるなら、それは仕方がない。しかしこれは、森下という若い記者が何度も何度も両親に接触して、二人から細かく話を聞いて、鑑定書などできちんと裏付けをとったうえで作った本だ。ただの弁解じゃない。母親と父親が、どこで育て方を間違えたのかを正直に明かしているんだ。

一体どうして、こんな事件が起こったのか。中学生のいる親たちはもちろん、全国民が知りたがっている。その思いに応える本なんだ。だから出版する」

中井局長は、激しい口調で一蹴した。

発売すると、反響はすさまじかった。少年Aの家庭と生い立ちへの関心が、多くの読者にこの本を手に取らせた。売らないと言っていた書店も、結局は売り始めた。増刷を重ね、最初の二カ月だけでおよそ四千万円の印税が口座に振り込まれる（現在、文庫も併せて実売八十八万部）。しかし両親は約束通り、その一部を生活費に充てることさえしなかった。

顔写真掲載とインターネット

新潮社の写真週刊誌『フォーカス』は、少年Aが逮捕された直後の七月九日号で、Aの顔写真を掲載した。『週刊新潮』も、目伏せを入れて載せた。両誌は大きな批判を浴び、販売を中止する駅の売店や書店が続出する。朝日新聞の社説をはじめ、いわゆる人権派が激しく糾弾したのだ。『フォーカス』編集長は翌週号に、「本誌が問題写真の掲載を決断するまでの全経過と対応」と題して、こう書いている。

〈方法としては写真に目隠しをすることも出来る。だが、それはしないことにした。写真でものごとを伝える。それなら写真を使うか使わぬか、どちらかだと考えた。少年のやったことは、少

年法の枠を踏み越えている。伝えるなら、その少年の顔をキチンと伝えよう。〉

新潮社には、斎藤十一元専務の「人殺しの顔が見たくないのか」という雑誌魂が受け継がれている。『週刊新潮』の支柱であり続け、『フォーカス』を創刊した名編集者だ。

〈ただ、一言つけ加えれば、少年法を犯した私たちの方法について、私たちは胸をはっているわけではない。やむをえず、このような方法で表現しなければならなかったことについて、実に遺憾に思う。

話をもう一度戻すが、大切なのは、特異な事件によって起った少年法をめぐる議論である。〉

私が編集長をしていた『週刊文春』（七月十七日号）でも、両誌の販売中止の経緯を報じた。

〈（販売中止の）動きに影響を与えたのが、新聞各社の取材攻勢だった。一日午後から、「容疑者少年の顔写真が掲載された雑誌を売るのか売らないのか」といった新聞社からの質問が営団、都営地下鉄、各私鉄に殺到する。

「記者の質問内容はだいたい同じでしたが、中には、そんなモノを売って責任をどう取るのかとか、流通ルートの仕組みを知らないようで『配本されたということは、初めから売るつもりだからだろう』といった主旨の質問まであった」（ある大手私鉄）

〈「販売するのか。こちらは「フォーカス」を廃刊に持ち込む覚悟でやっている」

と記者の脅しに近い取材を受けた大手書店もあった。〉

この号の『週刊文春』にはもう一本、いま振り返ると興味深い記事を掲載している。

「15万人以上が見た『インターネット』少年Aの顔写真」だ。

新聞やテレビは、少年Aの名前も顔も報じない。『フォーカス』と『週刊新潮』は皮肉なことに、店頭に並んだ分は売り切れてしまって、手に入らない。代わって存在感を発揮したのが、普及し始めたばかりのインターネットだった。

少年Aが在籍する中学校の生徒たちに向けて、「いま学校を休んでいる三年男子の名前を教えて」などの書き込みがあったのが始まりだった。たちまちAの実名が特定され、顔写真がアップされ、多くの人の目に触れ、さらに拡散されていく。新聞が躍起になって二つの雑誌を販売中止に追い込んだというのに、ネット上では、少年Aの顔写真どころか実名まで流れていたのだ。

「マスコミが隠している真実は、インターネットの中にある」「インターネットの情報のほうが、より真実に近い」と世の中の一部が信じる風潮は、このとき始まったのではないだろうか。

私は、七年前の大騒動を思い起こした。綾瀬の女子高生惨殺事件で、『週刊文春』が少年四人の実名報道に踏み切ったとき、やはり新聞各社が猛烈な批判の声を浴びせてきたのだ。いつの世も新聞は、人権を旗印に金切り声を上げる。書店や駅売店での販売にストップをかけ、それ見たことかと快哉を叫んだ大新聞もあっただろう。

しかし、もはや止めようのない動きも出ていた。守旧派が後生大事に守り続けてきた「少年法」改正のうねりだ。

五十年ぶりの少年法改正

平成元年の女子高生コンクリート詰め殺人で四人の少年が逮捕されたとき、少年法は時代にそぐわない、改正すべきだという議論が起こったことは、すでに述べた。

一九四八（昭和二十三）年の制定時は、戦災孤児が店先から食べ物をくすねるといった軽犯罪が想定されていたから、刑罰を科すのではなく、更生させることが目的だった。実名報道が許されないのは、更生の妨げになるとみなされるからで、少年審判の内容が公開されないのも同じ理由だ。だから事件の被害者側にも、情報はまったく開示されなかった。

少年Aの事件を受けて、少年法改正論議はようやく具体化し本格化する。制定から五十年以上たって初めて改正されたのは、二〇〇〇（平成十二）年のことだった。最大のポイントは、刑事処分が可能な年齢を「十六歳以上」から「十四歳以上」に引き下げたことだ。また、十六歳以上の少年が被害者を死亡させた場合は、家庭裁判所から検察官に送致し、成人と同じ刑事裁判を受けることになった。被害者が審判記録を閲覧したり、意見を言える制度も導入された。

その後、二〇〇七年、二〇〇八年、二〇一四年と、改正は続く。

十八歳未満の少年に対する有期懲役の上限が「十五年」から「二十年」に引き上げられ、不定期刑も「五年から十年」が「十年から十五年」へと、厳罰化が進んでいる。重大事件の被害者は少年審判を傍聴できるし、家庭裁判所が被害者に審判の状況を説明する制度も導入された。

少年法が改正されるきっかけが、「女子高生コンクリート詰め殺人」と「少年Aの事件」にあったことは明白だろう。綾瀬の少年たちが十六歳から十八歳だったから、十六歳以上は検察官への送致が原則となり、少年Aが十四歳だったから、刑事責任を問える年齢を十四歳に引き下げた

――私はそう見ている。

ただし、現在の少年法と、少年院での矯正教育にどこまで効果があるかは疑問と言うしかない。前述のように、綾瀬の犯人四人のうち三人までが、少年院を出て成人したあと、再び事件を起こして逮捕されている。

少年Aは、二〇〇五（平成十七）年一月に医療少年院を本退院し、社会復帰した。そして十年後、突然、手記『絶歌』を出版する。出版に至る経緯と「元少年A」の言動、何よりも手記の内容に、誰もが疑問を抱かざるをえなかった。

少年Aは本当に更生したと言えるのだろうか。

元少年A『絶歌』の波紋

二〇一五（平成二十七）年六月、「元少年A」という著者名で、太田出版から『絶歌』が発売された。第一部は、犯行当時の話。第二部には、少年院を出てからの暮らしが綴られている。執筆の理由を、三十二歳になったAは『絶歌』にこう書く。

〈自分の言葉で、自分の想いを語りたい。自分の生の軌跡を形にして遺したい。（中略）自分の過去と対峙し、切り結び、それを書くことが、僕に残された唯一の自己救済であり、たったひとつの「生きる道」でした。僕にはこの本を書く以外に、もう自分の生を摑み取る手段がありませんでした。〉

出版の動機については、賛否あってしかるべきだろう。しかし少なくとも、三十歳を過ぎて本を出すなら「元少年A」ではなく、責任をもって自分の名前で出すべきだった。

A自身が開設した「存在の耐えられない透明さ」と題するホームページ（その後閉鎖）には、「『絶歌』出版に寄せて」と題する露骨なPRもあったと、『週刊文春』九月十七日号が報じている。

〈少年A事件に関する書籍はこれまでにも数多く出版され、ほとんど出尽くしている感がありますが、少年A本人が自分の言葉で語ったものは、この『絶歌』が最初で最後です。（中略）事件から18年。『冷酷非情なモンスター』の仮面の下に隠された〝少年Aの素顔〟が、この本の中で浮き彫りになっています。

「少年Aについて知りたければ、この一冊を読めば事足りる」

そう言っても差支えないほどの、究極の「少年A本」です。

一人でも多くの方に手に取っていただければ幸いです。〉

ホームページのプロフィール欄には、こんな記述もあった。

〈身長165.5cm　体重54・3kg

視力　右0・03　左0・05

血液型　A型

大動脈心臓部に雑音あり

性格類型　INFJ型（診断サイトのURLを記載）

誇大妄想癖あり〉

本人はユーモアのつもりかもしれないが、とんでもない勘違いをしている。こんな姿勢で本を出したら、バッシングを浴びて当然だろう。

『絶歌』の出版は、発売当日まで厳重に伏せられた。Aの両親にも代理人にも知らされず、被害者の遺族にも、了解を得るどころか、事前の連絡さえなかった。遺族は激怒する。出版後にAが、帳尻合わせのように申し出た印税の受け取りを拒否しただけでなく、太田出版に対して本の回収を要求した。

出版社も、あまりに軽率だった。手前味噌になるが、私たちが両親の手記を出版したときは、ぎりぎりまで遺族の了解を得る努力を続けた。水面下の交渉も含めれば、およそ二年近い年月が必要だった。少なくとも、遺族からクレームがつくことはないという感触を得ていたのだ。

羽柴弁護士の二十二年

元号が令和に変わる少し前の、二〇一九（平成三十一）年二月。私は、神戸市中央区にある中神戸法律事務所に羽柴修弁護士を訪ねた。

羽柴さんが、名前を出してマスコミの取材に応じることは、めったにない。表に出ることはほとんどなく、陰に回って二十二年間、ずっと少年Aの両親と家族を支え続けている。Aの弟二人を含む家族の落ち着き先など、生活全般をサポートし、被害者遺族への謝罪の橋渡し役となり、一時は絶縁状態だったAと両親の関係を修復しようと、ありとあらゆる手段を講じてきた。

ほぼ無償で引き受けた、その筆舌に尽くし難い二十二年間の労苦を、私のこの本に記しておきたい。それが神戸再訪の理由だ。

事件当時四十八歳だった羽柴弁護士は、もう七十歳になる。

――羽柴さんはなぜ、この事件に関わることになったのですか。

「兵庫県弁護士会の中に刑事弁護センターというのがありまして、私はその委員長をしていたんです。ちょうどあの年、兵庫県に当番弁護士制度ができましてね。大変な事件ですから、容疑者が逮捕されたら派遣しよう、と事前に決めていたんです。A君が逮捕された土曜日の夜は、台風が来ていたと記憶しています。

犯人が少年だと知って、これは必ず弁護士が必要になると思い、委員長だった私を含めて四人が、先発隊として須磨警察署へ行きました。ですからA君に初めて会ったのは、逮捕されたその日、六月二十八日の夜です」

――Aはどんな印象でしたか。

「普通の少年は、顔を強張らせたりして、不安な表情を見せるものですが、そういうことは当初からありませんでした。事件については認めるでもなく否定するでもなく、淡々としていました。『ちょっとこの子は、我々がいままで担当してきた少年事件の子とは違う』という認識でしたね。

当初私たちは、『本当に彼が犯人だろうか。少年一人であれだけのことができるのか』と、懐疑の念でいっぱいだったんです」

――黒ジャンパーの中年男とか、ゴミ袋を持った男とか、いろいろ目撃証言もありましたからね。

「ただ、刑事記録を全部謄写した中に、彼が淳君の遺体の頭部を鮮明に描いた絵がありました。捜査官の話によると、それほど時間をかけたわけではなく、記憶のまま一筆書きのように描いたそうです。あの絵を見たときは本当に驚きました。

それから、空想上の遊び友達だという『エグリちゃん』という醜い女の子の絵。こういうものを見るにつれ、彼の中に病的な、相当に奥の深い暗闇があることがわかってきました。七月に神戸家裁で審判が始まる時期には、彼の犯行に間違いないと思っていました」

Aが「エグリちゃん」と名付けた空想上の友達は、身長四十五センチぐらいの女の子。グロテスクな醜い顔で、頭から脳がはみ出て、目玉も飛び出している。エグリちゃんはお腹が空くと、自分の腕を食べてしまうという。

――ご両親と家族のサポートは、最初から先生の役割と決まっていたのですか。

「二人の弟さんに教育を受けさせるために、両親ともども、どこかへ隠さなければいけませんでした。両親の担当は、最初は別の弁護士で、私がサポートしていた。しかし、『「少年A」この子を生んで……』の出版がきっかけで、彼が抜けてしまってね。あとはずっと私が担当しました」

――あの本をきっかけに抜けられたというのは、出版に反対して、ということですか。

「そう、彼は賛成していませんでした」

――ご両親の周辺には、さまざまな問題が起きましたね。

「当初は、殺到するマスコミ対策に追われました。ご両親が神戸家裁に出入りする際は、隠れていた場所から連れてきて、家裁から脱出させるまで、全部私たちでやりました。

その後、私たちが確保した両親の住居に、先回りして盗聴器が仕掛けられていたことを、警視庁の公安担当者から知らされました。私たちが必死に逃れさせた当初から、どうも組織的な尾行が行われていたようです。

ご両親の住居だけでなく、私の事務所や自宅まで盗聴されていました」

Aに面会するため、両親が東京・府中の関東医療少年院に向かうときのこと。その前日、羽柴さんは事務所の電話で、京都から新幹線に乗車する両親に、指定席の座席番号を伝えていた。両親が席に着くと、見知らぬ男がスッと近づいてきて、囁くように言ったという。

「A君のご両親ですね。お話ししたいことがあります」

どこかの記者だと思い込んだ両親は、頑なに沈黙を守って事なきを得る。しかし、姿を隠していた両親が、何駅を何時に出る新幹線の、何号車の何番に席を取っているかなど、マスコミ各社にわかるはずがない。

――この一件でも、組織的な盗聴や尾行が行われていることが明らかになりました。

「あれは印象的な出来事でしたね。A君のご両親は私の事務所で、亡くなった山下彩花さんのご両親に直接お会いして謝罪するんですが、その様子もすべて録音されていたんです。

鑑定医の研究室などから、Aの鑑定書や検面調書（注・検察官による調書）が盗まれるという事件もあった。それが大手の新聞や雑誌に流されたという話もありましたね。その狙いが何だったのか、今に至るも謎なんです」

――私たちが神戸のホテルで初めてご両親にお会いしたとき、本を出版してもいいというお気持ちだったのですか。それとも、とにかく会うだけは会おうかと。

「お会いしておいて『いや、駄目です』とは、なかなかならないでしょう。私自身と両親の方向性としてはある程度、お願いしようと思っていました。私としては、被害賠償を実現するためにはどうしたらいいのかと、いろいろな学者にも相談した結果です」

――たくさんのメディアから依頼があったでしょうが、その中から文藝春秋を選んでいただいたのは、どういう理由だったのですか。森下記者のしつこさですか（笑）。

「しつこさは確かにあったでしょうけど（笑）、森下とはひとつの信頼関係というか、書かないと言った約束は守るとか、こちらを騙すことはないと思ったからでしょうか。それと、内外の少年事件をいろいろ調べて、資料をたくさんくれたことですね。今でも取ってありますけど、その中に賠償方法に関する貴重な資料があったんです。

日本では、さまざまな事件で被害弁償がきちんとなされていない実態がありますが、A君のご両親は、決められた賠償額を何としてもお支払いする気持ちでしたから」

――土師家と山下家は、出版に反対でしたね。

「当初は反対です。強烈な反対でした。とんでもないという反応……」

――見本の本ができたとき、森下がご両親と一緒に両家へ届けに伺ったんですが、会えませんでした。

「そんなことがありましたか。しかし、あのころの反応は、そんなに厳しいものではなかったと思いますよ。この本の印税のお支払い以外に賠償の方法は考えられない、とお伝えしていましたから、事実上お認めになっていたと思います。三家族とも、現在も受け取ってくださいますから」

——印税すなわち賠償金は、かなりの額になりましたね。

「手元にある一九九九（平成十一）年から二〇〇七（平成十九）年までの印税だけで、八千百二十万円。そろそろ一億円近くになると思います。

土師さんへの賠償が一億四百二十万円で、山下さんには八千万円。もう一つの示談金も入れますと、一億九千二百二十六万円の支払い義務があるんですが、平成十九年三月時点で、土師さんには四千万円、山下さんには三千三百万円お支払いすることができました。

A君が毎月送ってくるお金と、ご両親からの分もありますが、原資が一番大きいのは本の印税です。やはり本を出す以外になかったし、出すならちゃんとした本でないといけなかった。そういう意味では、出版するという判断は間違っていなかったと思っています」

——A君もお金を送ってきていたんですね。

「そうです。ちゃんと働いて稼いだお金の中から、なんとか工面して送ってきました。もちろん金額は微々たるもので、五千円の月もあれば一万円の月もありました。

土師さんはいまだに会っていただけませんが、山下さんには、彼が何をしているか、毎月どこからお金を送ってくるのかという情報も、可能な範囲で開示していました。手紙と一緒にお金を送ってくれれば、消印でわかりますから」

手紙と一緒に——少年Aは、退院から二年たった二〇〇七（平成十九）年以降、反省の気持ちを記した手紙を毎年、被害者遺族に送り続けてきた。淳君と彩花さんの命日の直前に書かれる手紙は、羽柴さんを経由して、土師さんと山下さんの遺族に手渡されたのだ。

ただし、未開封のまま届けるから、羽柴さんにも内容はわからない。読んだ遺族は、具体的な中身には触れずに、感想だけを述べる。その感想を聞いて、羽柴さんは遺族の感情の変化を推し測っていたという。

——手紙の内容は少しずつ良くなっていたようですね。

「最初のうちは形ばかりの、心のこもっていない反省文で、ご遺族の評価は低かったんです。しかし三年目くらいから、手紙の内容がずいぶん良くなった、とおっしゃっていただけるようになったんです。

とくに彩花さんの母親の山下京子さんに、『今までの手紙は無機質な感じがしたが、今回は生身の人間が書いたように感じた』『罪に向き合い償おうとする気持ちが年々強くなっていると感じた』と評価していただいた。それは嬉しかったですよ」

——ところが、『絶歌』の出版を事前に知らされなかったため、遺族は激怒した。

「いや、もう、凄まじい怒りようでした。事前に何の連絡もなく、突然あの本が出てしまったわけですから、遺族を傷つける卑劣な行為に失望したとか、裏切りだとか、これまでの反省の手紙は何だったのかと……。本当に何も知らなかったのか、なぜ止められなかったと、私も厳しく問い詰められました。山下さんも土師さんも、彼の手紙が届くたびに感想の談話を発表してきたわけですから、ものの見事に騙されたとお感じになったんです。

実は『絶歌』事件が起きるまで、山下さんとA君の両親は年に一度、彩花さんの命日のころに、この弁護士事務所で面会する関係になっていたんです。そこに至るまでには、ずいぶん長いことかかりましたし、彼の状態も良くなっているとばかり思っていたので、本当に残念というしかない。出しようによっては、あんなことにはならなかっただろうし、中身だって、もう少し書きようがあったんじゃないか……。やはり出版社の責任ですよ。両家とも、『絶歌』の印税は拒否しているけれども、両親の本については今でも受け取ってもらっていますから。

本当に残念です。残念至極です。あのあと、山下京子さんが亡くなられたのも大変なショックでした」

元少年Aが手記を出版したと知ったとき、京子さんは、それまで届いていた手紙をすべて破棄したという。「もう彼には関わりたくない」と。そして、二〇一七年六月、乳がんのため六十一歳で世を去った。

二〇一六（平成二十八）年、二〇一七（平成二十九）年と、元少年Aは手記出版後も手紙を送り続けるが、両家とも受け取りを拒否している。

――羽柴さんとしては、A君が遺族に、きちんと謝罪するところまで持っていきたかったでしょうね。

「山下京子さんは生前、A君に『一度会ってもいい』とまでおっしゃっていたんです。もちろん簡単ではないでしょうが、そこまでの気持ちになっていただいていた。その矢先の『絶歌』出版でした。あの年の彼の手紙に対する土師さんの談話でも、本当にここまでおっしゃったのかと思うくらい、高い評価をいただきました。

そこまで来ていたんですよ。残念です。突然に『絶歌』が出たせいで、長い時間をかけて築き上げてきたものが、何もかも壊れてしまったんです」

出版からかなり時間がたったころ、元少年Aの代理人から、印税の一部を賠償金に充てたいが、どうしたらいいかと、相談の電話があったという。

「自分で考えなさいよ！」

羽柴弁護士は、そう吐き捨てるように言って、電話を切った。

エピローグ 神戸の点と線

私には一つの仮説がある。

少年Aが九七年に起こした惨劇の原点は、九五年の阪神淡路大震災にある、というものだ。Aはそんな供述はしていないし、鑑定書にも記されていない。一部の新聞が大震災との関連を報じてはいたが、具体的な根拠は何も書かれていない。

しかし、『週刊文春』（九七年七月十日号）が報じた以下のエピソードが、ずっと私の心に引っ掛かっていた。

〈阪神大震災はA少年が六年生の一月に起こった。

同級生が振りかえる。

「A君と悲惨な現場を歩いている時、僕たちはみんな倒れている人たちから思わず目をそらしてしまった。だけどA君だけは『あの人は足をケガしている』とか『頭から血が出ている』と冷静に観察しているんで、ビックリしました」〉

翌二月、カエルや猫のような小動物にのみ向けられていた攻撃性が、人間に向かい始める。Aは、後に殺害することになる土師淳君を殴るという騒ぎを起こした。初めて攻撃した人間が、淳君だったのだ。

〈先生から連絡を受けました。私はびっくりして、慌《あわ》てて土師さんのお宅にお詫びの電話をしました。

「うちのAの方が淳君より大きいのに。本当にごめんね」

淳君は三男の友達で、家にもよく遊びに来ていましたから、本当に申し訳なく思いました。土師さんの奥さんは、そのとき「かまへんよ」と優しくおっしゃってくれました。

職員室で、Aは「あの子がちょっかいを出したからや」と言い訳をしていたそうですが、土師さんのお宅に先生に伴われて謝りに行ったとき、奥さんがAの言葉を優しく聞いてくださったので、最後は泣いて謝ったと、先生から電話で聞き、少しは安心しました。

家でもAに懇々《こんこん》と言い聞かせたつもりだったので、反省しているものと思っていました。

でも、結果的にAは、何も分かっていなかったのです。

二度目は、どんなに泣いて謝っても取り返しのつかない、永遠に許されるはずのない行為、命を奪うという酷いことを、あの子は淳君にしてしまった……。

なぜ、理由もないのに、淳君を……。

いくら考えても考えても、私には分かりません。〉（『「少年A」この子を生んで…』母親の手記）

三月の春休み。Aと友達四人が万引きで補導される。

〈この春休みの万引き事件を境に、Aが私たちに今まで見せたことのなかった悪い面が、次第に露《あらわ》になってきたように思います。徐々に、それまでの「泣き虫で気の弱い」Aではなくなっていたのです。

Ａが中学に入学してから逮捕されるまで、私たち夫婦は十回以上も学校や迷惑をかけたお宅を訪ね歩き、頭を下げに回りました。〉（同）

Ａがモンスター化していくきっかけは、おそらく母親の言う「万引き事件」ではないだろう。瓦礫の中に横たわっていた数多くの負傷者や遺体を、「冷静に観察していた」Ａの姿こそ、すべての始まりではなかったのか。

すでに述べたように、「直観像素質者」が一度見たものは、たとえ数年後でも、原色で色鮮やかに再現されることがある。神戸の街で見たリアルな遺体が、神戸に住む少年の記憶に刻み込まれ、ある日突然、フラッシュバックしたのではないだろうか。

続く「淳君殴打事件」が、三年後の「淳君殺害事件」に繋がる理由も、「直観像素質者」というキーワードを当てはめれば、容易に理解できる。初めて暴力をふるった人間を、三年後に殺害する。そんな偶然があるとは思えないからだ。

それが私の仮説である。

娘、彩花さんの命をＡに奪われた山下京子さんが、著書『彩花へ「生きる力」をありがとう』で鋭く指摘している。

〈今回の事件の報道では、この阪神淡路大震災と、自分をかわいがってくれていた祖母の死が、少年に「死への興味」をもたらしたのではないか、というものもありました。

あまりにも多大な犠牲を経験し、多くの人々が「命の尊さ」を実感した震災で、もし本当に彼だけが正反対のことにとりつかれていたのだとすれば、痛ましいとしかいいようがありません。

彼にとって「死」は、それまでの「生」の意味をはかないものにすることでしかなかったのでしょうか。彼の周囲には、そんな思想しかなかったのでしょうか。

「死」というものをどう受け止めていくのかは、そろそろ私たちの星全体が考えを深めなければならないテーマです。「死」はすべての終わりであり、無であると考えることは、そのまま「生」の意味を頼りないものにしてしまいます。〉

九五年に神戸を襲った大地震が、九七年の神戸に新たな災厄をもたらした。

自然災害と惨殺事件。一見、何の関係もなさそうな二つの事象は、実は一本の線で結ばれるのではないか。

私には、そう思えてならないのだ。

あとがき

この本のヒントをくれたのは、毎日新聞の前社長、朝比奈豊さんだ。三年ほど前に会食に招かれたとき、何がきっかけだったか、こんな話をしてくれた。

「一九九五年というのは大変な年なんですよ。衝撃的な事件や事故が次々に起こった。神戸の大地震に始まって、オウムのサリン事件。八月十五日の『村山談話』、大蔵省スキャンダル……。数え上げたらきりがない。平成という時代を象徴するような出来事が、この年に集中していた気がする」

なるほど九五年を基点に九九年まで、世紀末に起こった出来事を丹念に追っていくと、平成の全体像がくっきりと浮かび上がってくる。

「人類に先例がない」と司馬遼太郎さんを暗澹とさせた、オウム真理教による「地下鉄サリン事件」。それは、統一教会の合同結婚式騒動と併せて、カルト教団が猛威を振るった平成の象徴だった。

私は、二つのカルト教団をはじめ、「イエスの方舟」や「幸福の科学」など、数々の新興宗教にまつわる事件に深く関わり、のめり込み、編集部内で「カルト担当」と呼ばれていた。「洗脳」「マインドコントロール」――人の心を操ることの恐ろしさを、取材の現場で直に学ぶことができたのだ。

実は、私が人生初の体調不良を経験したのは、そのころのことだった。

夜中の三時に突如、左半身に震えがきて、真夏だというのに寒くてたまらない。救急車で病院へ運ばれ、点滴でなんとか症状は治まった。ところが、その後三カ月近く、夜中の三時になると同じ発作が起こる。左半身が硬直し、胃袋が喉元までせり上がってくるような感覚に襲われるのだ。

会社は一日も休まず、心臓や脳や内臓など、ありとあらゆる検査をしたが、特段の異常は見つからない。医者は「過度のストレスと極度の疲労が、今一気に症状となって現れたんでしょう」と言うばかり。「ゆっくり休むしかないですね」と匙を投げた。

「午前三時の発作」は断続的に半年続いたが、いともあっけなく治まってしまう。

きっかけは、ある医師の助言だった。

「何か簡単なものでいいんです。たとえば、たまたま飴をなめて発作が治まったら、次の発作のときも同じ飴をなめてごらんなさい」

飴やらガムやら都こんぶやら、手当たり次第に試してみた。

ある晩、太田胃散を飲んだら、なぜか発作が治まった。次の夜からは、発作がきても太田胃散を飲めば安心できて、やがて治まってしまう。太田胃散に即効性があるとは思えないから、発作は間違いなく精神的なものだったのだ。自分でも気づかないうちに、これらカルト教団を取材することで大きなプレッシャーを受けていたのだろう。

少年Aによる幼児連続殺害事件、大蔵官僚接待事件——一つ一つの出来事を思い起こしながら、私はつくづく自分の不思議な巡り合わせを思った。九五年には月刊『文藝春秋』のデスクとして、九七年からは『週刊文春』の編集長として、「平成という時代の核心」に向かい合うことになったからだ。そうだ、近藤誠医師が「患者よ、がんと闘うな」を『文藝春秋』に連載したのも、九五年ではないか。私がもっとも敬愛するアスリート野茂英雄投手が勇躍、海を渡ったのも、九五年のことだ。

近藤さんの鋭い眼光、口をへの字に曲げた野茂さんの顔が、脳裡にうかぶ。女子高生殺害犯の実名を割り出した佐々木記者、坂本弁護士一家救出に死力を尽くした江川紹子さん、統一教会に闘いを挑んだ沈着冷静な有田芳生さんと、豪放磊落な飯干晃一さん、少年Aの両親を二十二年にわたってサポートしてきた羽柴修弁護士……困難な道を力強く歩んできた人たちが次々と思い出される。

九五年に基軸を据えて、さまざまな出来事に関わり、肉薄し、闘った人々の言動をありのまま伝えるというかたちなら、私にも書けるかもしれない。そう思ったのが、昨年十月のことだった。

書けと勧めてくれたのは、『プレジデント』編集次長の小倉健一さん。九五年のテーマに敏感に反応して、私が週刊誌、月刊誌のデスク、編集長だった時代の雑誌目次を全部コピーし、届けてくれた。

私のとりとめのない話をまとめ、構成し、事実関係のチェックまでしてくれたのは、フリーライターで『文藝春秋』に席を置く石井謙一郎さん。一年に及ぶ統一教会批判キャンペーンで共に闘った戦友だ。まとめてくれた原稿に、私は思う存分手を入れたのだが、石井さんは文句ひとつ付けず、記述の誤りをさらに指摘してくれた。

同じくフリーライターで『プレジデント』に所属する吉田茂人さんが、本づくり全般に目を配る総合プロデューサー。私が入社四年目に『文藝春秋』に配属されたとき、取材のイロハを教わった、一つ年上の先輩だ。

もう一人、チームに加わってほしかった人がいる。松葉仁さんだ。松葉さんも、統一教会追及に無くてはならない記者だったが、想像を絶するプレッシャーと極度の疲労で体調を崩し、長いリハビリ生活を余儀なくされた。この本を松葉仁さんに捧げる。

二〇一九年四月

松井清人

【主な参考文献】

「オウム真理教」関連

『全真相　坂本弁護士一家拉致・殺害事件』江川紹子　文藝春秋　一九九七
『「オウム真理教」追跡2200日』江川紹子　文藝春秋　一九九五
『「オウム真理教」裁判傍聴記①②』江川紹子　文藝春秋　①一九九六 ②一九九七
『オウム法廷①〜⑬』降幡賢一　朝日文庫　一九九八〜二〇〇四

「近藤誠」関連

『患者よ、がんと闘うな』近藤誠　文藝春秋　一九九六
『なぜ、ぼくはがん治療医になったのか』近藤誠　新潮社　一九九八
『あなたの癌は、がんもどき』近藤誠　梧桐書院　二〇一〇
『がん放置療法のすすめ　患者150人の証言』近藤誠　文春新書　二〇一二
『何度でも言う　がんとは決して闘うな』近藤誠　文藝春秋臨時増刊号　二〇一四

「野茂英雄」関連

『日出づる国の「奴隷野球」』ロバート・ホワイティング　文藝春秋　一九九九
『野茂英雄1990―2008』Number PLUS　文藝春秋　二〇〇八
『豪球列伝』スポーツ・グラフィック「ナンバー」編　文藝春秋　一九八六

「統一教会」関連

『脱会』有田芳生&「週刊文春」取材班　教育史料出版会　一九九三

『われら父親は闘う』飯干晃一　ネスコ　一九九三
『愛が偽りに終わるとき』山﨑浩子　文藝春秋　一九九四
『マインド・コントロールの恐怖』スティーヴン・ハッサン　恒友出版　一九九三

「女子高生惨殺事件」関連

『女子高生コンクリート詰め殺人事件』佐瀬稔　草思社文庫　二〇一一
『かげろうの家　女子高生監禁殺人事件』横川和夫　駒草出版　二〇一一

「少年A」関連

『「少年A」この子を生んで……』「少年A」の父母　文藝春秋　一九九九
『彩花へ「生きる力」をありがとう』山下京子　河出書房新社　一九九八
『診断名サイコパス』ロバート・D・ヘア　早川書房　一九九五
『FBI心理分析官』ロバート・K・レスラー　早川書房　一九九四

［雑誌記事］
『週刊文春』一九八九年〜一九九九年（掲載号は本文に明記した）
『文藝春秋』一九八九年〜一九九九年（掲載号は本文に明記した）

松井清人
（まつい・きよんど）
一九五〇年、東京都生まれ。東京教育大学アメリカ文学科卒業。一九七四年、株式会社 文藝春秋入社。『諸君!』『週刊文春』『文藝春秋』の編集長などを経て、文藝春秋社長。二〇一八年退任。
（横溝浩孝・写真）

異端者たちが時代をつくる

2019年7月8日 第1刷発行

著　者　**松井清人**

発行人　長坂嘉昭

発行所　株式会社プレジデント社
〒102-8641
東京都千代田区平河町2-16-1
電話　編集(03)3237-3737
　　　販売(03)3237-3731

ブックデザイン　株式会社 ニルソンデザイン事務所

編集協力　石井謙一郎

編　集　吉田茂人

制　作　小池 哉

販　売　桂木栄一　高橋 徹　川井田美景　森田 巌
末吉秀樹　神田泰宏　花坂 稔

印刷・製本　株式会社 ダイヤモンド・グラフィック社

ISBN 978-4-8334-5145-1